DAS HALBGE[KOCHBUCH

LASSEN SIE IHRER KREATIVITÄT IN DER KÜCHE FREIEN LAUF MIT 100 EINFACHEN, AUFREGENDEN UND UNKONVENTIONELLEN REZEPTEN

HEIDI WEBER

Alle Rechte vorbehalten.

Haftungsausschluss

in diesem E-Book enthaltenen Informationen sollen als umfassende Sammlung von Strategien dienen, über die der Autor dieses E-Books recherchiert hat. Zusammenfassungen, Strategien, Tipps und Tricks sind lediglich Empfehlungen des Autors und das Lesen dieses E-Books garantiert nicht, dass die eigenen Ergebnisse genau den Ergebnissen des Autors entsprechen. Der Autor des E-Books hat alle angemessenen Anstrengungen unternommen, um den Lesern des E-Books aktuelle und genaue Informationen bereitzustellen. Der Autor und seine Mitarbeiter haften nicht für etwaige unbeabsichtigte Fehler oder Auslassungen. Das Material im E-Book kann Informationen von Dritten enthalten. Materialien Dritter enthalten Meinungen ihrer Eigentümer. Daher übernimmt der Autor des E-Books keine Verantwortung oder Haftung für Materialien oder Meinungen Dritter. Ob aufgrund der Weiterentwicklung des Internets oder aufgrund unvorhergesehener Änderungen der Unternehmensrichtlinien und der redaktionellen Einreichungsrichtlinien: Was zum Zeitpunkt der Erstellung dieses Artikels als Tatsache angegeben wurde, kann später veraltet oder nicht mehr anwendbar sein.

Das E-Book unterliegt dem Urheberrecht © 2023, alle Rechte vorbehalten . Es ist illegal, dieses E-Book ganz oder teilweise weiterzuverbreiten, zu kopieren oder davon abgeleitete Werke zu erstellen. Kein Teil dieses Berichts darf ohne die ausdrückliche schriftliche und unterzeichnete Genehmigung des Autors in irgendeiner Form reproduziert oder weitergegeben werden.

INHALTSVERZEICHNIS

INHALTSVERZEICHNIS 3
EINFÜHRUNG 7
FRÜHSTÜCK 8

1. BROT- UND PIZZATEIG OHNE KNETEN 9
2. GEBACKENER ZIMT-BRIOCHE-TOAST 12
3. SPIEGELEIER MIT FRICO UND POLENTA 15
4. BUTTERCROISSANTSCHICHTEN MIT PROSCIUTTO 18
5. EI IM LOCH MIT TOMATE UND SPECK 21
6. AVOCADO-FRÜHSTÜCKSTACOS 24
7. CHIPOTLE-SALSA 27
8. KÜRBIS-CRÈME-FRAÎCHE-PFANNKUCHEN 29
9. GESCHLAGENE AHORNBUTTER 32
10. PAPAS KÄSEEIER 34
11. BLAUBEER-ZITRONEN-AUSZIEHBROT 36
12. KOKOS-BANANEN-MUFFINS 40
13. ZIMTSCHNECKENBROT ÜBER NACHT 43
14. ZITRONENCREME MIT BROMBEEREN 46
15. FRÜHSTÜCKSMÜSLI 48
16. ROHER VEGANER JOGHURT 50
17. RAW BERRY CRISP 52
18. ROHER BUCHWEIZEN- UND KURKUMABREI 54
19. MOHN-MANDEL-RIEGEL 56
20. FRÜHSTÜCK ZINGER BARS 58
21. MANGO-ERDBEER-ROHKOST-MÜSLI 60
22. ROHE ZIMTSCHNECKEN 62
23. BROTTEIG FÜR JEDEN TAG 64
24. PFANNKUCHENMISCHUNG FÜR JEDEN TAG 66
25. ALLES BAGELGEWÜRZ 68
26. ZITRONEN-BASILIKUM-PESTO 70
27. PERFEKTE SCHNELLKOCHTOPF-EIER 72

VORSPEISEN UND SNACKS 74

28. Käse-Poblano und Speck-Quesadilla 75
29. Eingelegte Jalapeño-Ananas-Salsa 78
30. Blauschimmelkäsehäppchen aus drei Zutaten 80
31. Burrata mit Peperonata 82
32. Kräuter-Knoblauch-Pull-Apart-Brötchen 85
33. Im Ofen gebackene Cajun-Pommes 88
34. Balsamico-Pfirsich-Brie-Tarte 90
35. Kartoffelpüree 93
36. Cacio e Pepe Rosenkohl 96
37. Mit Prosciutto umwickelte Zucchini-Häppchen 99
38. Extra-sanfter Hummus 102
39. Ahorn-Zimt-Eichelkürbis 105
40. Geschnittene Gurkengurken 107
41. Kandierte Yamswurzeln 109
42. Mit Krautsalat gefüllte Avocados 111
43. Rohe Zucchiniröllchen 113
44. Mit Cashew-Pesto gefüllte Pilze 115
45. Avocado-Caprese-Salat 117
46. Rohe Taco-Boote 119
47. Büffel-Blumenkohl-Häppchen mit schwarzem Pfeffer 121

HAUPTGERICHT 124

48. 15-minütige Knoblauchbutter-Ramen 125
49. Pilz-Käsesteaks 128
50. Falafel-Bowl mit Avocado 131
51. Marokkanische Kichererbsen-Karotten-Tajine 135
52. Mit Gemüse beladenes Pad, siehe EW 138
53. Curry-Frühlingsrollen-Salat-Wraps 141
54. Würziges Kartoffel-Shakshuka 144
55. Scharf-scharfe Topfaufkleber 147
56. Spaghettikürbis Alfredo 151
57. Würzige Poblano-Tacos 154
58. Rawsome Wraps 158

59. Apfel-Nachos 160
60. Rohe Bällchen ohne Fleisch 162
61. Rohe Karottennudeln 164
62. Zucchini-Nudeln 166
63. Shiitake-Pilzsuppe 168
64. Rote Paprikasuppe 170
65. Rotkohl-Grapefruit-Salat 172
66. Scheinsalat-Sandwich 174
67. Karotten-Ingwer-Suppe 176
68. Blumenkohl-Brokkoli „Reis" 178
69. Zucchininudeln mit Kürbiskernen 180
70. Mit Zitrone und Petersilie marinierte Pilze 182
71. Vegane Frühlingsrollen 184

SALATE UND SUPPEN **186**

72. Salat aus sonnengetrockneten Tomaten und Avocado mit Hühnchen 187
73. Bagelsalat mit weißen Bohnen und Pesto 189
74. Heirloom-Tomaten-Nektarinen-Salat 192
75. Herbsterntesalat 195
76. Ingwer-Thai-Steak und Pfeffersalat 199
77. Französische Zwiebelsuppe 204
78. Cremige Hühner-Gnocchi-Suppe 207
79. Brokkoli-Cheddar-Suppe mit gewürzten Brezeln 211
80. Goldene Butternusskürbissuppe mit knusprigem Salbei 214
81. Salsa Verde und Hühner-Tortilla-Suppe 217
82. In Butter geröstete Tomatensuppe 220
83. Knusprige Hähnchen-Khao-Soi-Nudelsuppe 223

PIZZA **226**

84. Die gemeinste, grünste Pizza 227
85. Süße und würzige Ananaspizza 230
86. Garten-Basilikum-Peperoni-Pizza 233
87. Butternusskürbis und Apfelpizza ernten 236
88. Kartoffel-Burrata-Pizza 239

89. Weiße Pizza mit drei Käsesorten und Nektarinen 242

PASTA **245**

90. Mit Spinat und drei Käsesorten gefüllte Schalen 246
91. Eintopf-Creme-Mais-Bucatini 249
92. Spinat-Artischocken-Mac-and-Cheese-Auflauf 252
93. Penne alla Wodka 255
94. Zitronen-Basilikum-Nudeln mit Rosenkohl 258
95. Tomaten-Parmesan-Nudeln für Erwachsene 262
96. Kürbis-Salbei-Lasagne mit Fontina 265

COCKTAILS **270**

97. Granatapfel-Thymian-Wodka Spritz 271
98. Würziger Erdbeer-Paloma 274
99. Pfirsich-Rosé-Sangria 276
100. Honeycrisp Apple Bourbon Smash 278

FAZIT **280**

EINFÜHRUNG

Willkommen beim Half-Baked Cookbook, wo wir Sie einladen, sich auf eine unvergleichliche kulinarische Reise zu begeben. Dieses Kochbuch richtet sich an den abenteuerlustigen Hobbykoch, der bereit ist, seine Komfortzone zu verlassen und die Freude am Experimentieren in der Küche zu genießen. Wir glauben, dass Kochen ein unterhaltsames und kreatives Erlebnis sein sollte. In diesem Buch finden Sie eine Sammlung einfacher, aufregender und unkonventioneller Rezepte, die Sie dazu inspirieren werden, die Grenzen der traditionellen Küche zu überschreiten. Machen Sie sich bereit, Ihren inneren Koch zu entfesseln und eine völlig neue Welt voller Aromen und Texturen zu entdecken!

FRÜHSTÜCK _

1. Brot- und Pizzateig ohne Kneten

Ergibt: 1 Pfund Teig

Zutaten

- 3 Tassen Allzweckmehl, plus mehr nach Bedarf
- 2 Teelöffel Instanthefe
- 2 Teelöffel koscheres Salz
- 1 (12 Unzen) Bier
- 1 Esslöffel natives Olivenöl extra

Richtungen

a) In einer mittelgroßen Schüssel Mehl, Hefe und Salz verrühren. Bier und Olivenöl dazugeben und mit einem Holzlöffel verrühren, bis alles gut vermischt ist. Decken Sie die Schüssel mit Plastikfolie ab und lassen Sie sie 1 bis 2 Stunden bei Raumtemperatur stehen, bis sich ihr Volumen verdoppelt hat.

b) Wenn Sie zum Backen bereit sind, stellen Sie einen gusseisernen 6-Liter-Schmortopf oder einen schweren Topf auf einen Rost in der Mitte des Ofens. Heizen Sie den Ofen auf 450 °F vor. Sobald die Temperatur erreicht ist, lassen Sie den Schmortopf 30 Minuten lang aufwärmen.

c) Den Teig auf einer großzügig bemehlten Arbeitsfläche ausrollen. Den Teig mit den Händen zu einer Kugel formen und auf ein großes Stück Backpapier legen.

d) Nehmen Sie den Dutch Oven vorsichtig aus dem Ofen und legen Sie den Teig mit dem Backpapier in die Mitte. Stellen Sie den Topf zurück in den Ofen, decken Sie ihn ab und backen Sie ihn 30 Minuten lang. Nehmen Sie vorsichtig den Deckel ab und backen Sie noch etwa 15 Minuten weiter, bis das Brot tief goldbraun ist

e) Heben Sie das Brot vorsichtig aus dem Topf und legen Sie es auf ein Gitter, um es etwa zwei Stunden lang vollständig abzukühlen.

2. Gebackener Zimt-Brioche-Toast

PERSONEN: 4

Zutaten

- ¼ Tasse reiner Ahornsirup
- 2 Esslöffel brauner Zucker
- 4 Esslöffel gesalzene Butter, geschmolzen
- 8 große Eier, geschlagen
- 1 (14 Unzen) Dose vollfette, ungesüßte Kokosmilch
- 3 Esslöffel Bourbon (optional)
- 1 Esslöffel reiner Vanilleextrakt
- 2 Teelöffel gemahlener Zimt
- ½ Teelöffel koscheres Salz
- 1 Brioche- oder Challah-Brot, in 8 dicke Scheiben geschnitten
- 2 Esslöffel gesalzene Butter, zimmerwarm
- Beliebige Fruchtmarmelade zum Servieren (optional)
- Schlagsahne zum Servieren (optional)

Richtungen

a) Eine 9 x 13 Zoll große Auflaufform einfetten. In der Auflaufform mit einer Gabel den Ahornsirup, 1 Esslöffel Zucker und die geschmolzene Butter vermischen.

b) In einer großen Schüssel Eier, Kokosmilch, Bourbon (falls verwendet), Vanille, 1 Teelöffel Zimt und Salz verquirlen. Tauchen Sie jedes Stück Brot in die Eimischung und lassen Sie es mindestens 1 Minute einweichen. Ordnen Sie das Brot in der vorbereiteten Auflaufform an und gießen Sie die restliche Eimischung gleichmäßig über die Scheiben.

c) In einer kleinen Schüssel mit einem Spatel die 2 Esslöffel weiche Butter, den restlichen 1 Esslöffel Zucker und den restlichen 1 Teelöffel Zimt vermischen. Die Buttermischung gleichmäßig über das Brot in der Auflaufform verteilen. Mit Folie oder Plastikfolie abdecken und für 1 Stunde oder bis über Nacht in den Kühlschrank stellen.

d) Wenn Sie zum Backen bereit sind, heizen Sie den Ofen auf 375 °F vor.

e) 45 bis 50 Minuten backen, bis der French Toast goldbraun und knusprig ist. Wenn die Oberseite des Brotes zu schnell braun wird, decken Sie den French Toast locker mit Aluminiumfolie ab und backen Sie weiter.

f) Servieren Sie den French Toast warm und nach Belieben mit Marmelade und Schlagsahne.

3. Spiegeleier aus Frico und Polenta

DIENST: 1

Zutaten

- $\frac{1}{4}$ Tasse geriebener scharfer weißer Cheddar-Käse
- $\frac{1}{4}$ Tasse geriebener Parmesankäse
- $\frac{1}{2}$ Tasse gekochte cremige Polenta, erwärmt
- 1 Esslöffel natives Olivenöl extra
- 2 große Eier
- Koscheres Salz und frisch gemahlener Pfeffer
- 1 Tasse zerrissener Mangold, Grünkohl oder Grünkohl
- Zerkleinerte rote Paprikaflocken zum Servieren

Richtungen

a) In einer kleinen Schüssel Cheddar und Parmesan vermischen.

b) Eine große Pfanne bei mittlerer bis niedriger Hitze erhitzen. Streuen Sie die Käsemischung in zwei Zentimeter große Kreise auf den Boden der Pfanne und kochen Sie sie 1 bis 2 Minuten lang, bis der Käse zu schmelzen und fest zu werden beginnt. Verteilen Sie die Polenta vorsichtig mit einem kleinen Löffel auf den Käsescheiben und drücken Sie in die Mitte jedes Polentahügels eine Mulde.

c) Das Olivenöl gleichmäßig über die Polenta träufeln, in jede Mulde ein Ei aufschlagen und beides mit Salz und Pfeffer würzen. Unter gelegentlichem Drehen der Pfanne kochen, bis sich das Eiweiß um das Eigelb legt und an den Rändern knusprig wird (ca. 2 Minuten). Fügen Sie das Gemüse um die Eier herum hinzu, decken Sie die Pfanne ab und kochen Sie es noch 1 Minute lang, bis das Gemüse zusammengefallen ist. Die Pfanne vom Herd nehmen und mit roten Paprikaflocken servieren.

4. Butterige Croissant-Schichten mit Prosciutto

PERSONEN: 8

Zutaten

- 3 Esslöffel gesalzene Butter, in dünne Scheiben geschnitten, plus etwas mehr zum Einfetten
- 6 Croissants, grob in Drittel gerissen
- 8 große Eier
- 3 Tassen Vollmilch
- 1 Esslöffel Dijon-Senf
- 1 Esslöffel gehackter frischer Salbei
- $\frac{1}{4}$ Teelöffel frisch geriebene Muskatnuss
- Koscheres Salz und frisch gemahlener Pfeffer
- 12 Unzen gefrorener Spinat, aufgetaut und trockengedrückt
- $1\frac{1}{2}$ Tassen geriebener Gouda-Käse
- $1\frac{1}{2}$ Tassen geriebener Gruyère-Käse
- 3 Unzen dünn geschnittener Schinken, zerrissen

Richtungen

a) Heizen Sie den Ofen auf 350 °F vor. Eine 9 x 13 Zoll große Auflaufform einfetten.

b) Die Croissants auf dem Boden der Auflaufform anordnen und mit der geschnittenen Butter bedecken. 5 bis 8 Minuten backen, bis es leicht geröstet ist. Herausnehmen und in der Pfanne abkühlen lassen, bis es sich nicht mehr heiß anfühlt (ca. 10 Minuten).

c) In einer mittelgroßen Schüssel Eier, Milch, Senf, Salbei, Muskatnuss und jeweils eine Prise Salz und Pfeffer verquirlen. Den Spinat und eine $\frac{3}{4}$ Tasse von jedem Käse unterrühren. Gießen Sie die Mischung vorsichtig über die gerösteten Croissants und verteilen Sie sie gleichmäßig. Mit dem restlichen Käse belegen und zum Schluss den Prosciutto dazugeben. Abdecken und mindestens 30 Minuten oder über Nacht im Kühlschrank lagern.

d) Wenn Sie zum Backen bereit sind, nehmen Sie die Schichten aus dem Kühlschrank und heizen Sie den Ofen auf 350 °F vor.

e) Backen, bis die Mitte der Schichten fest ist, etwa 45 Minuten. Wenn die Croissants anfangen zu bräunen, bevor die Schichten fertig gebacken sind, decken Sie sie mit Folie ab und backen Sie weiter.

f) Die Schichten aus dem Ofen nehmen und vor dem Servieren 5 Minuten abkühlen lassen.

5. Ei im Loch mit Tomate und Speck

Ergibt: 2 Sandwiches

Zutaten

- 4 dicke Scheiben Sauerteig oder anderes Landbrot
- 2 Esslöffel gesalzene Butter
- 2 Scheiben dick geschnittener Speck
- 4 große Eier
- Koscheres Salz und frisch gemahlener Pfeffer
- 1 Tasse geriebenen, scharfen Cheddar Käse
- 4 Scheiben alte Tomaten
- $\frac{1}{4}$ Tasse Zitronen-Basilikum-Pesto
- Honig, zum Servieren

Richtungen

a) Schneiden Sie mit einem runden 2-Zoll-Ausstecher einen Kreis aus der Mitte jeder Brotscheibe aus. Entsorgen Sie die Kreise oder naschen Sie davon. Beide Seiten des Brotes gleichmäßig mit etwa 1 Esslöffel Butter bestreichen.

b) Stellen Sie eine große Pfanne auf mittlere Hitze. Fügen Sie den Speck hinzu und kochen Sie ihn etwa 5 Minuten lang, bis das Fett austritt und der Speck knusprig ist. Den Speck aus der Pfanne nehmen und auf einem mit Küchenpapier ausgelegten Teller abtropfen lassen.

c) In derselben Pfanne den restlichen 1 Esslöffel Butter bei mittlerer Hitze schmelzen. Geben Sie die Brotscheiben nach Bedarf portionsweise hinzu und kochen Sie sie 2 bis 3 Minuten lang, bis sie auf der Unterseite goldbraun und geröstet sind. Drehen Sie den Toast um und schlagen Sie ein Ei in das mittlere Loch jedes Brotstücks. Mit Salz und Pfeffer würzen und weitere 2 bis 3 Minuten kochen lassen, erneut wenden und jedes Stück Brot mit Käse bestreuen. Decken Sie die Pfanne ab und kochen Sie 30 Sekunden bis 1 Minute lang, bis der Käse geschmolzen ist und das Ei nach Ihren Wünschen gekocht ist. Aus der Pfanne nehmen.

d) Zum Zusammenstellen Speck, Tomaten und Pesto auf die Käseseite von zwei Brotscheiben schichten und mit Honig beträufeln. Legen Sie jeweils eine weitere Scheibe Brot mit der Käseseite nach unten darauf und achten Sie darauf, dass das Ei nicht zerbricht. Sofort servieren.

6. Avocado-Frühstückstacos

PERSONEN: 2

Zutaten

- 4 große Eier
- Koscheres Salz und frisch gemahlener Pfeffer
- 3 Scheiben dick geschnittener Speck, gehackt, zum Servieren
- 2 Schalotten, in dünne Scheiben geschnitten, zum Servieren
- 1 Esslöffel gesalzene Butter
- ½ Tasse geriebener Cheddar-Käse
- 4 Mais- oder Mehl-Tortillas, erwärmt
- 1 Tasse grob gehackter frischer Spinat oder Grünkohl
- 1 Avocado, in Scheiben geschnitten
- 2 Frühlingszwiebeln, gehackt, zum Servieren
- Limettenschnitze zum Servieren
- Chipotle-Salsa

Richtungen

a) In einer mittelgroßen Schüssel die Eier verquirlen und jeweils eine Prise Salz und Pfeffer hinzufügen.

b) Stellen Sie eine große Pfanne auf mittlere Hitze. Fügen Sie den Speck hinzu und kochen Sie ihn etwa 5 Minuten lang, bis das Fett austritt und der Speck knusprig ist. Den Speck aus der Pfanne nehmen und auf einem mit Küchenpapier ausgelegten Teller abtropfen lassen. Den Speck mit den Händen leicht zerkrümeln.

c) Geben Sie die Schalotten in dieselbe Pfanne und kochen Sie sie bei mittlerer Hitze unter gelegentlichem Rühren etwa 3 Minuten lang, bis sie karamellisiert sind. Nehmen Sie die Schalotten aus der Pfanne und lassen Sie sie auf dem mit Küchenpapier ausgelegten Teller abtropfen. Die Schalotten werden beim Trocknen knusprig.

d) Die Pfanne auswischen und die Butter darin bei mittlerer Hitze schmelzen. Fügen Sie die geschlagenen Eier hinzu und kochen Sie alles ungestört, bis sich eine dünne weiße Schicht am Rand der Pfanne bildet. Schieben Sie die Eier mit einem Gummispatel vorsichtig etwa 2 Minuten lang in der Pfanne herum, bis sie locker und gerade erst fest sind. Die Eier sofort auf einen Teller geben und den Käse vorsichtig unterheben.

e) Zum Zusammenstellen das Gemüse, die Eier und die Avocado auf die erwärmten Tortillas schichten. Mit Speck, Schalotten und Frühlingszwiebeln belegen. Mit Limettenschnitzen und Salsa servieren.

7. Chipotle-Salsa

Ergibt: etwa 1½ Tassen

Zutaten

- 1 (14 Unzen) Dose feuergeröstete Tomatenwürfel
- ¼ Tasse Chipotle-Paprika in Adobo
- 2 Esslöffel geröstete Sesamkörner
- Koscheres Salz

Richtungen

a) In einem Mixer oder einer Küchenmaschine die Tomaten und Chipotle-Paprika etwa 1 Minute lang zerkleinern, bis sie weitgehend glatt sind. Die Sesamkörner dazugeben und mit Salz würzen. Zum Kombinieren etwa 30 Sekunden lang pulsieren.

b) Abschmecken und nach Bedarf mehr Salz hinzufügen. Gekühlt in einem luftdichten Behälter bis zu 2 Wochen aufbewahren.

8. Kürbis-Crème-fraîche-Pfannkuchen

PERSONEN: 4

Zutaten

- ¾ Tasse Kürbisbutter
- ½ Tasse Crème fraîche
- 2 große Eier
- 3 Esslöffel gesalzene Butter, geschmolzen, plus mehr für die Pfanne
- 1½ Tassen Vollmilch
- 1½ Tassen Pfannkuchenmischung für jeden Tag
- Zum Servieren geschlagene Ahornbutter
- Ahornsirup zum Servieren

Richtungen

a) In einer großen Schüssel Kürbisbutter, Crème fraîche, Eier, geschmolzene Butter und Milch verrühren. Die Pfannkuchenmischung unterheben, bis sie gerade vermischt ist. Abdecken und 10 Minuten bei Zimmertemperatur ruhen lassen oder über Nacht in den Kühlschrank stellen.

b) Den Ofen auf 150°F vorheizen.

c) In einer großen Pfanne oder Grillplatte 1 Esslöffel Butter bei mittlerer Hitze schmelzen. Gießen Sie $\frac{1}{4}$ Tasse Pfannkuchenteig in die Pfanne. Kochen Sie den Pfannkuchen etwa zwei Minuten lang, bis sich Blasen auf der Oberfläche bilden. Wenden Sie ihn dann vorsichtig mit einem Spatel um. Auf der zweiten Seite noch ca. 1 Minute goldbraun braten. Den Pfannkuchen in eine Auflaufform geben und im Ofen warm halten.

d) Wiederholen Sie den Vorgang mit dem restlichen Teig und geben Sie bei Bedarf mehr Butter in die Pfanne.

e) Zum Servieren jeden Pfannkuchen mit etwas Ahornbutter bestreichen. Bei Bedarf mit Ahornsirup servieren.

9. Aufgeschlagene Ahornbutter

Ergibt: ½ Tasse

Zutaten

- ½ Tasse (1 Stange) gesalzene Butter
- ¼ Tasse reiner Ahornsirup

Richtungen

a) In einem kleinen Topf die Butter bei mittlerer Hitze schmelzen und dabei gelegentlich umrühren, bis die Butter leicht gebräunt ist (3 bis 5 Minuten). Geben Sie die Butter in die Schüssel einer Küchenmaschine. 20 Minuten im Kühlschrank kalt stellen.

b) Den Ahornsirup zur Butter geben. Mit dem Schneebesenaufsatz die gekühlte Butter und den Sirup bei mittlerer bis hoher Geschwindigkeit 1 bis 2 Minuten lang aufschlagen, bis sie leicht und locker sind. Gekühlt in einem luftdichten Behälter bis zu 2 Wochen aufbewahren

c) Wenn Sie keine alltägliche Pfannkuchenmischung zur Hand haben, kombinieren Sie stattdessen 1½ Tassen Allzweckmehl, 2 Teelöffel Backpulver und 1 Teelöffel koscheres Salz.

10.   Papas Käseeier

PERSONEN: 2

Zutaten

- 4 warme, mittelgekochte Eier
- ½ Tasse fein geriebener Cheddar-Käse
- Koscheres Salz und frisch gemahlener Pfeffer
- Buttertoast zum Servieren
- 1 Esslöffel gehackter frischer Schnittlauch und/oder Basilikum zum Servieren
- Zerkleinerte rote Paprikaflocken zum Servieren

Richtungen

a) In einer mittelgroßen Schüssel die warmen Eier und den Käse vorsichtig mit einer Gabel zerdrücken. Mit Salz und rotem Pfeffer abschmecken.

b) Die Mischung auf dem mit Butter bestrichenen Toast verteilen und mit Schnittlauch und einer Prise roter Paprikaflocken belegen.

c) Stellen Sie sicher, dass Ihre Eier warm sind, wenn Sie sie mit dem Käse vermischen. Ihre Hitze ist es, die den Käse schmilzt, und das ist der Schlüssel. Wenn der Käse nicht schmilzt, legen Sie das Toastbrot einige Sekunden lang unter den Grill, damit alles warm und lecker wird.

11. Blaubeer-Zitronen-Ziehbrot

Ergibt: 2 auseinanderziehbare Brote

Zutaten

- Butter zum Einfetten
- 4 Unzen Crème fraîche
- $\frac{1}{4}$ Tasse plus 1 Esslöffel Honig
- 2 Teelöffel reiner Vanilleextrakt
- Schale und Saft von 1 Zitrone
- $\frac{1}{2}$ Teelöffel gemahlener Zimt
- Alltäglicher Brotteig, bei Zimmertemperatur
- 2 Tassen frische oder gefrorene Blaubeeren
- 1 Esslöffel frische Thymianblätter

Richtungen

a) Fetten Sie zwei 9 x 5 Zoll große Kastenformen ein.

b) Machen Sie die Füllung. In einer kleinen Schüssel Crème fraîche, 1 Esslöffel Honig, Vanille, Zitronenschale, Zitronensaft und Zimt verrühren.

c) Machen Sie die Brötchen. Geben Sie den Teig auf eine leicht bemehlte Arbeitsfläche, schlagen Sie ihn aus und rollen Sie ihn zu einem 25 x 40 cm großen Rechteck mit einer Dicke von etwa 1 cm aus, wobei die lange Seite zu Ihnen zeigt. Die Crème-fraîche-Mischung auf dem Teig verteilen und die Blaubeeren gleichmäßig darüber streuen. Beginnen Sie mit der langen Kante, die Ihnen am nächsten ist, ziehen Sie den Teig nach oben und über die Füllung und rollen Sie ihn vorsichtig zu einem Block zusammen, wobei Sie ihn ziemlich fest halten. Den Rand zusammendrücken, um ihn abzudichten.

d) Drehen Sie den Stamm mit der Nahtseite nach unten und schneiden Sie ihn in 12 gleich große Rollen. Legen Sie 6 Rollen mit der Nahtseite nach unten in jede vorbereitete Form. die Rollen sollten sich berühren. Abdecken und an einem warmen Ort 30 Minuten bis 1 Stunde gehen lassen, bis sich das Volumen fast verdoppelt hat.

e) Heizen Sie den Ofen auf 350 °F vor.

f) Backen Sie die Brötchen 45 bis 50 Minuten lang, bis sie oben leicht gebräunt sind. Etwas abkühlen lassen.

g) Machen Sie den Thymianhonig. In der Zwischenzeit den Thymian und die restliche $\frac{1}{4}$ Tasse Honig in einem kleinen Topf bei schwacher Hitze vermischen. Etwa 3 Minuten köcheln lassen, bis der Honig zu sprudeln beginnt, dann die Pfanne vom Herd nehmen.

h) Das Brot mit dem warmen Thymianhonig beträufeln. Bewahren Sie Reste gekühlt in einem luftdichten Behälter bis zu 3 Tage auf.

12. Kokos-Bananen-Muffins

Ergibt: 12 Muffins

Zutaten

- ½ Tasse (1 Stück) gesalzene Butter, geschmolzen
- ¼ Tasse Honig
- 2 Teelöffel reiner Vanilleextrakt
- 2 große Eier
- 3 oder 4 sehr reife Bananen, zerdrückt (1 Tasse zerdrückte Banane)
- ¼ Tasse Vollmilch
- 2¼ Tassen plus 2 Esslöffel Allzweckmehl
- 2 Teelöffel Backpulver
- ½ Teelöffel Backpulver
- 1¾ Teelöffel gemahlener Zimt
- 1 Tasse Mini-Schokoladenstückchen (optional)
- 1 Tasse ungesüßte Kokosraspeln
- 3 Esslöffel kalte gesalzene Butter, gewürfelt

Richtungen

a) Heizen Sie den Ofen auf 350 °F vor. Eine 12-Muffinform mit Papierförmchen auslegen.

b) In einer großen Schüssel geschmolzene Butter, Honig und Vanille vermischen. Fügen Sie die Eier nacheinander hinzu und rühren Sie, bis sie vollständig eingearbeitet sind. Die zerdrückten Bananen und die Milch dazugeben und verrühren, bis alles gut vermischt ist. Fügen Sie $2\frac{1}{4}$ Tassen Mehl, Backpulver, Natron und $\frac{3}{4}$ Teelöffel Zimt hinzu und rühren Sie, bis alles gut vermischt ist. Die Schokoladenstückchen unterheben (falls verwendet). Verteilen Sie den Teig gleichmäßig auf die Muffinförmchen und füllen Sie diese jeweils zu drei Vierteln.

c) In einer mittelgroßen Schüssel die Kokosnuss, die restlichen 2 Esslöffel Mehl und den restlichen 1 Teelöffel Zimt vermischen. Die Butter dazugeben und mit den Händen verrühren, bis eine krümelige Masse entsteht. Streuen Sie die Streusel über den Teig und verteilen Sie ihn gleichmäßig.

d) 20 bis 22 Minuten backen, bis ein Zahnstocher, der in die Mitte eines Muffins gesteckt wird, sauber herauskommt. Die Muffins warm oder bei Zimmertemperatur servieren. Bewahren Sie Reste bis zu 5 Tage bei Raumtemperatur in einem luftdichten Behälter auf.

13. Zimtschneckenbrot über Nacht

Ergibt: 1 Laib (9 × 5 Zoll).

Zutaten

Zimtrollen

- 6 Esslöffel sehr weiche gesalzene Butter, plus etwas mehr zum Einfetten
- ¾ Tasse hellbrauner Zucker
- 1½ Teelöffel gemahlener Zimt
- Einfacher Brotteig für jeden Tag, bei Zimmertemperatur

Chai-Zuckerguss

- 4 Unzen Frischkäse, bei Zimmertemperatur
- 4 Esslöffel gesalzene Butter, zimmerwarm
- 1½ Teelöffel reiner Vanilleextrakt
- 1½ Tassen Puderzucker
- ½ Teelöffel gemahlener Zimt
- ¼ Teelöffel gemahlener Piment
- ¼ Teelöffel gemahlener Ingwer
- ¼ Teelöffel gemahlener Kardamom

Richtungen

a) Machen Sie die Brötchen. Eine 9 x 5 Zoll große Kastenform mit Butter bestreichen und mit Backpapier auslegen. In einer kleinen Schüssel braunen Zucker und Zimt vermischen und beiseite stellen.

b) Wenn sich das Volumen des Teigs verdoppelt hat, geben Sie ihn auf eine leicht bemehlte Arbeitsfläche, schlagen Sie ihn aus und rollen Sie ihn mit den Händen zu einer Kugel. Rollen Sie den Teig zu einem Rechteck (ungefähr 12 x 18 Zoll) aus. Die weiche Butter auf dem Teig verteilen und mit Zimtzucker bestreuen. Beginnen Sie mit der Teigkante, die Ihnen am nächsten liegt, und rollen Sie den Teig zu einer Rolle, wobei Sie ihn dabei festhalten. Drücken Sie die Kanten des Baumstamms zusammen, um ihn abzudichten.

c) Schneiden Sie den Stamm in 6 Rollen und legen Sie diese mit der Schnittfläche nach oben in die vorbereitete Pfanne. Abdecken und 45 Minuten bis 1 Stunde an einem warmen Ort oder bis über Nacht im Kühlschrank gehen lassen. Bringen Sie den Teig vor dem Backen auf Zimmertemperatur.

d) Heizen Sie den Ofen auf 350 °F vor. Stellen Sie die Pfanne auf ein Backblech mit Rand und backen Sie sie 30 bis 35 Minuten lang, bis sie oben gebräunt ist.

e) Machen Sie den Zuckerguss. In der Schüssel einer Küchenmaschine Frischkäse, Butter und Vanille schaumig schlagen. Nach und nach Puderzucker, Zimt, Piment, Ingwer und Kardamom unterrühren, bis alles gut vermischt ist.

14.   Zitronencreme mit Brombeeren

Ergibt 4 Portionen

Zutaten

- 1 Tasse Cashewnüsse, 8 Stunden in Wasser eingeweicht, abgespült und abgetropft
- 1 Tasse frisch gehackter Kokosnussfleischsaft
- Schale von 3 Zitronen
- 1 Tasse Wasser
- 4 Tassen reife Brombeeren

Richtungen

a) Cashewnüsse, Kokosnuss, Zitronensaft, Zitronenschale und Wasser in eine Küchenmaschine geben und cremig und glatt mixen.

b) Gib den Lemon Curd in einen verschließbaren Behälter.

c) Stellen Sie den Quark verschlossen in den Kühlschrank, bis Sie ihn servieren möchten.

d) Den Quark in Schüsseln füllen und mit den Brombeeren belegen.

15. Frühstücksmüsli

Portion: 1 Portion

Zutaten

- 3/4 Tasse rohe Nüsse
- 10 mittelgroße Datteln, eingeweicht und entkernt
- 1 Tasse frisches Obst, vorzugsweise Mango, Beeren oder Bananen
- 1 Esslöffel geriebene frische rohe Kokosnuss
- Nussmilch nach Geschmack

Richtungen

a) Verarbeiten Sie die Nüsse und Datteln mit einer Küchenmaschine, bis die Nüsse fast fein gemahlen sind
b) In einer Schüssel mit frischem Obst und Kokosraspeln vermengen.
c) Nach Geschmack mit Nussmilch auffüllen.

16.   Roher veganer Joghurt

Dient: 4 Portionen

Zutaten

- 1 Tasse Macadamianüsse oder Cashewnüsse, 2 Stunden eingeweicht
- 1 Tasse gefiltertes Wasser
- 1 Esslöffel Zitronensaft

Richtungen

a) Geben Sie die Nüsse mit der Hälfte des Wassers in den Mixer. 20 Sekunden lang mixen und das restliche Wasser hinzufügen.

b) Mischen, bis eine cremige, glatte Konsistenz erreicht ist.

c) Geben Sie die Mischung in ein sauberes Glasgefäß und bedecken Sie es mit einer Plastikfolie, die Sie mit einem Gummiband festhalten. An einem warmen Ort 16 bis 24 Stunden lang gären lassen.

d) Je länger es ruht, desto mehr Gärung findet statt.

e) Falls verwendet, Zitronensaft einrühren und im Kühlschrank abkühlen lassen.

17.   Rohe Beeren - Crisp

Portionen : 6-8

Zutaten

- 30 Unzen gemischte Beeren (Erdbeeren , Blaubeeren , Himbeeren)
- 2 Tassen rohe Walnüsse oder rohe Pekannüsse
- 1/4 Tasse ungekochte Haferflocken
- 2 Esslöffel Ahornsirup
- 1/4 Teelöffel Zwiebelpulver

Richtungen:

a) In einer großen Schüssel die geschnittenen Erdbeeren und andere gewaschene Beeren vermischen.

b) Bereiten Sie den Belag in einer Küchenmaschine vor, indem Sie alle Zutaten zerkleinern, bis sie gut vermischt sind.

c) Geben Sie den größten Teil der Beerenmischung in eine 1,4-Liter-Auflaufform (1,5 Quart) und lassen Sie etwa ein paar Esslöffel übrig. Gleichmäßig verteilen.

d) Geben Sie nun den größten Teil des Belags über die Beeren und lassen Sie ein paar Esslöffel übrig.

e) Nun die restlichen Beeren darüber streuen und zum Schluss den Rest des Toppings darüber streuen.

f) Sofort servieren oder 1 Stunde kalt stellen.

18. Roher Buchweizen- und Kurkumabrei

DIENSTLEISTUNGEN 1

Zutaten

- 1/2 Tasse rohe Buchweizengrütze
- 1/3 Tasse Hafer-, Mandel- oder Sojamilch
- 1 Banane, geschält und zerkleinert
- 1/3 Teelöffel gemahlener Kurkuma
- 1 Prise gemahlener schwarzer Pfeffer

Richtungen

a) Geben Sie alle Zutaten in Ihren Mixbehälter oder Stabmixerbehälter und mixen Sie, als gäbe es kein Morgen. Mit einer kleinen Küchenmaschine lässt sich alles mixen, aber es kann sein, dass es nicht ganz so glatt wird.

b) Servieren Sie es mit allem, was Ihr Herz begehrt.

c) Frisches Obst, knuspriges Müsli, Kakaonibs und geröstete Nüsse sind köstlich. Dies ist die Zeit, kreativ zu werden!

19.   Mohn- Mandel-Riegel

Für 1 Person

Zutaten

a) 3 Esslöffel Mohn, gemahlen
b) 5-7 Datteln, fein gehackt
c) ⅓ Tasse und 1 Esslöffel Mandelmilch
d) ¼ Teelöffel Zimt

Richtungen

a) Alle Zutaten miteinander vermischen und über Nacht im Kühlschrank ruhen lassen.
b) Herausnehmen, umrühren und genießen.

20. Frühstücks-Zinger-Bars

Dient 5-6

Zutaten

- 10 entkernte Medjool-Datteln
- 1/4 Tasse goldene Beeren
- 1 Tasse glutenfreie Haferflocken
- Schale von einer Zitrone

Richtungen

a) Geben Sie die Haferflocken in Ihre Küchenmaschine und verarbeiten Sie sie, bis die Haferflocken in kleinen Stückchen zerkleinert sind.

b) Die goldenen Beeren, Datteln und Zitrone dazugeben und verrühren, bis die Masse klebrig ist.

c) Sobald die Masse klebrig ist, daraus Riegel formen.

d) Maximal eine Woche im Kühlschrank lagern. Fühlen Sie sich frei, die Menge zu verdoppeln, um mehr Zinger-Riegel zuzubereiten!

21. Mango-Erdbeer-Rohkost-Müsli

Portionen : 1

Zutaten

Getreide _

a) 1 1/2 Tasse gefrorene Mango

b) 1 1/2 Tassen gefrorene Erdbeeren

c) 1/2 Tasse getreidefreies Rawnola

Ananasmilch _

d) 2 reife Bananen

e) 1 Tasse Wasser

Richtungen

a) In einer Küchenmaschine die gefrorene Mango und die gefrorenen Erdbeeren vermengen. Kurz verarbeiten, bis kieselgroße Stücke entstehen. Überarbeiten Sie es nicht, sonst erhalten Sie eine schöne Creme.

b) In eine Schüssel umfüllen und in den Gefrierschrank stellen.

c) Mischen Sie die Banane und das Wasser, um die Bananenmilch herzustellen. Mit mehr/weniger Wasser die gewünschte Konsistenz einstellen.

d) Das Müsli aus dem Gefrierschrank nehmen, Rawnola unterrühren, Milch darübergießen und genießen!

22. Rohe Zimtschnecken

Portionen : 3-5

Zutaten

- 15 Bio-Datteln, entkernt
- 4 große reife Bio-Bananen
- 1/2 Teelöffel Bio-Zimt
- Optional: Vanille
- Optional: Zusätzliche Gewürze

Richtungen

a) Schneiden Sie die Bananen senkrecht in jeweils 3 Stücke.

b) Bestreuen Sie die Bananen mit Zimt und legen Sie sie 6-8 Stunden lang bei 115 °F in einen Dörrapparat.

c) Alle Datteln mit einer Prise Zimt, optional Vanille und Wasser in einen Hochgeschwindigkeitsmixer geben .

d) Sobald sich die Bananen handhaben lassen, ohne zu brechen, aber noch nicht ganz trocken sind, nehmen Sie Scheiben davon und verteilen Sie das Karamell darauf.

e) Rollen Sie die Banane mit Karamell um sich selbst, sodass eine Rolle entsteht. Nach Belieben die Brötchen mit mehr Dattelkaramell belegen. Die Oberseite mit Zimt bestreuen.

f) Nochmals für 6 Stunden in den Dörrautomaten stellen, bis es durchgewärmt ist.

23. Brotteig für jeden Tag

PERSONEN: 8

Zutaten

- 1 Tasse warme Vollmilch
- 1 Päckchen Instant-Trockenhefe
- 1 Esslöffel Honig
- 2 große Eier, geschlagen
- 4 Esslöffel gesalzene Butter, geschmolzen
- $3\frac{1}{2}$ bis 4 Tassen Allzweckmehl
- $\frac{1}{2}$ Teelöffel koscheres Salz

Richtungen

a) In der Schüssel einer Küchenmaschine mit Knethakenaufsatz Milch, Hefe, Honig, Eier, Butter, $3\frac{1}{2}$ Tassen Mehl und das Salz vermischen. 4 bis 5 Minuten schlagen, bis das Mehl vollständig eingearbeitet ist. Wenn der Teig klebrig erscheint, fügen Sie die restliche halbe Tasse Mehl hinzu.

b) Decken Sie die Schüssel mit Plastikfolie ab und lassen Sie sie etwa eine Stunde lang bei Zimmertemperatur stehen, bis sich ihr Volumen verdoppelt hat.

24.   Pfannkuchenmischung für jeden Tag

Ergibt: ca. 7 Tassen Pfannkuchenmischung

Zutaten

- 4 Tassen Vollkorn-Gebäckmehl oder weißes Vollkornmehl
- 3 Tassen Allzweckmehl
- 3 Esslöffel Backpulver
- 1 Esslöffel Backpulver
- 1 Esslöffel koscheres Salz
- 1 Teelöffel gemahlener Zimt

Richtungen

a) In einer großen Schüssel beide Mehle, Backpulver, Natron, Salz und Zimt vermischen.

b) In ein großes Glas oder einen anderen luftdichten Behälter umfüllen und bis zu 3 Monate an einem kühlen, trockenen Ort aufbewahren.

25. Alles Bagelgewürz

Ergibt: ca. ⅓ Tasse

Zutaten

- 2 Esslöffel geröstete weiße Sesamkörner
- 1 Esslöffel geröstete schwarze Sesamkörner
- 2 Esslöffel Mohn
- 2 Teelöffel granulierte Zwiebel
- 2 Teelöffel granulierter Knoblauch
- 2 Teelöffel Meersalzflocken

Richtungen

a) In einem kleinen Glasgefäß mit Deckel die weißen und schwarzen Sesamkörner, Mohn, Zwiebeln, Knoblauch und Salz vermengen und gut vermischen.

b) Bei Raumtemperatur an einem kühlen, trockenen Ort bis zu 3 Monate lagern.

26. Zitronen-Basilikum-Pesto

Ergibt: 1 Tasse

Zutaten

- 2 Tassen verpackte frische Basilikumblätter
- 2 Esslöffel geröstete Nüsse oder Samen, wie Pinienkerne, Mandeln oder rohe Kürbiskerne (Pepitas)
- ⅓ Tasse geriebener Parmesankäse
- ¼ Tasse natives Olivenöl extra
- Schale und Saft von 1 Zitrone
- Eine Prise zerstoßene rote Paprikaflocken
- Koscheres Salz

Richtungen

a) In einem Mixer oder einer Küchenmaschine Basilikum, Nüsse, Parmesan, Olivenöl, Zitronenschale, Zitronensaft und rote Paprikaflocken vermischen und etwa 1 Minute lang pürieren, bis eine glatte, aber noch etwas stückige Masse entsteht.

b) Abschmecken und nach Bedarf Salz hinzufügen. Gekühlt in einem luftdichten Behälter bis zu 2 Wochen aufbewahren.

27. Perfekte Eier aus dem Schnellkochtopf

Zutaten

- 4 BIS 6 GROßE EIER

Richtungen

a) Geben Sie die Eier und 2 Tassen Wasser in einen elektrischen Schnellkochtopf. Verschließen Sie den Deckel und garen Sie das Gericht bei hohem Druck für die gewünschte Garzeit. Nach dem Garen schnell oder auf natürliche Weise freigeben, dann öffnen, wenn der Druck nachlässt.

b) Legen Sie die Eier etwa 1 Minute lang in eine Schüssel mit Eiswasser, bis sie sich kühl anfühlen. Schälen und nach Belieben verwenden.

VORSPEISEN UND SNACKS

28. Käse-Poblano- und Speck-Quesadilla

PERSONEN: 4

Zutaten

- 4 Scheiben dick geschnittener Speck, geviertelt
- 2 Poblano-Paprikaschoten, entkernt und in dünne Scheiben geschnitten
- 8 große Mehl-Tortillas
- 1 Tasse geriebener Pfeffer-Jack-Käse
- 1 Tasse frischer Babyspinat, grob gehackt
- 1 Tasse geriebener Cheddar-Käse
- 2 Esslöffel natives Olivenöl extra
- Eingelegte Jalapeño-Ananas-Salsa

Richtungen

a) Legen Sie den Speck bei mittlerer Hitze in eine kalte große Pfanne. 4 bis 5 Minuten kochen, bis das Fett austritt und der Speck knusprig ist. Übertragen Sie den Speck zum Abtropfen auf einen mit Papiertüchern ausgelegten Teller und bewahren Sie das Fett in der Pfanne auf.

b) Stellen Sie die Pfanne wieder auf den Herd, fügen Sie die Poblanos hinzu und kochen Sie sie etwa 5 Minuten lang, bis sie weich sind. Die Paprika in eine kleine Schüssel geben.

c) Legen Sie 4 Tortillas auf eine saubere Arbeitsfläche. Jeweils mit $\frac{1}{4}$ Tasse Pepper-Jack-Käse bestreuen und dann Spinat, Paprika und Speck gleichmäßig auf die 4 Tortillas verteilen. Zum Schluss jeweils $\frac{1}{4}$ Tasse Cheddar-Käse und eine weitere Tortilla hinzufügen.

d) Wischen Sie die Pfanne aus und erhitzen Sie das Olivenöl bei mittlerer Hitze. Wenn das Öl schimmert, die Quesadillas nacheinander hinzufügen. Backen Sie die Tortilla ca. 2 Minuten lang, bis der Boden knusprig und goldbraun ist, drehen Sie sie dann vorsichtig um und kochen Sie sie weitere 2 bis 3 Minuten lang, bis die Tortilla goldbraun ist und der Käse geschmolzen ist.

e) Heiß mit Salsa servieren.

29. Eingelegte Jalapeño-Ananas-Salsa

Ergibt: 2 Tassen

Zutaten

- 2 Tassen rote Weintrauben, halbiert, falls groß
- ¼ Tasse Honig
- 1 Esslöffel gesalzene Butter
- Flockenförmiges Meersalz
- 6 Scheiben Bauern- oder Vollkornbrot, geröstet
- 1 Tasse Vollmilch-Ricotta-Käse
- Weißer Balsamico oder Balsamico-Essig zum Beträufeln (optional)
- 2 Esslöffel frische Thymianblätter zum Garnieren

Richtungen

a) Heizen Sie den Ofen auf 425 °F vor.

b) In einer 9 x 13 Zoll großen Auflaufform die Weintrauben, den Honig, die Butter und eine Prise Salz vermengen. 15 bis 20 Minuten backen, bis die Trauben Blasen bilden. Etwas abkühlen lassen

c) In der Zwischenzeit jedes Stück geröstetes Brot gleichmäßig mit Ricotta bestreichen. Die gerösteten Weintrauben über den Ricotta geben und jedes Stück mit einem Schuss Essig (falls verwendet), Thymian und Salzflocken bestreuen.

30. Blauschimmelkäse-Häppchen aus drei Zutaten

PERSONEN: 8

Zutaten

- ½ Tasse (1 Stück) gesalzene Butter

- 1 (12 Unzen) Dose flockiger Keksteig

- 4 Unzen zerbröselter Blauschimmelkäse

- Frische Petersilien- oder Thymianblätter, grob gehackt, zum Garnieren (optional)

Richtungen

a) Heizen Sie den Ofen auf 375 °F vor.

b) Geben Sie die Butter in einen 9-Zoll-Tortenteller aus Glas und lassen Sie sie in der Mikrowelle schmelzen.

c) Den Teig in einzelne Kekse teilen und jeweils vierteln. Die Stücke auf den Tortenteller legen und mit der Butter bestreichen. Streuen Sie den Blauschimmelkäse gleichmäßig über den Teig.

d) 15 bis 20 Minuten backen, bis die Oberfläche leicht gebräunt und sprudelnd ist. Nach Belieben mit frischer Petersilie bestreuen und servieren.

31. Burrata mit Peperonata

PERSONEN: 6

Zutaten

- ⅓ Tasse natives Olivenöl extra
- 3 rote, gelbe oder orange Paprika, entkernt und in dünne Scheiben geschnitten
- 2 Tassen Kirschtomaten
- 2 Knoblauchzehen, zerdrückt
- 2 Esslöffel frische Thymianblätter
- 1 Esslöffel frische Oreganoblätter
- 1 Esslöffel Balsamico-Essig
- Eine Prise zerstoßene rote Paprikaflocken
- Prise koscheres Salz
- 8 Unzen Burrata-Käse
- Frische Basilikumblätter zum Garnieren
- Cracker oder geröstetes Brot zum Servieren

Richtungen

a) Eine mittelgroße Pfanne bei mittlerer Hitze erhitzen. Olivenöl, Paprika, Tomaten, Knoblauch, Thymian, Oregano, Essig, rote Paprikaflocken und Salz hinzufügen und verrühren. Etwa 15 Minuten kochen, bis die Paprika weich sind und der Knoblauch duftet. Nehmen Sie die Pfanne vom Herd.

b) Ordnen Sie die Burrata auf einem Servierteller an und verteilen Sie die Peperonata rund um den Käse. Mit den Basilikumblättern belegen. Mit Crackern oder geröstetem Brot servieren.

32. Kräuter-Knoblauch-Pull-Apart-Brötchen

Ergibt: 12 Rollen

Zutaten

- Auseinanderziehbare Rollen
- Einfacher Brotteig für jeden Tag
- 1 Knoblauchzehe, gerieben
- Kräuter-Knoblauchbutter
- 4 Esslöffel gesalzene Butter, plus etwas mehr zum Einfetten
- 3 Knoblauchzehen, gerieben
- 1 Esslöffel italienisches Gewürz
- $\frac{1}{4}$ Tasse geriebener Parmesankäse
- Koscheres Salz (optional)
- Frische Basilikum- oder Oreganoblätter, zerrissen, zum Servieren

Richtungen

a) Heizen Sie den Ofen auf 350 °F vor. Eine 9 x 13 Zoll große Auflaufform einfetten.

b) Machen Sie die Brötchen. Bereiten Sie den einfachen Brotteig für jeden Tag zu, indem Sie beim Mischen in der Küchenmaschine den geriebenen Knoblauch zum Teig hinzufügen.

c) Eine Arbeitsfläche leicht mit Mehl bestäuben. Den Teig ausrollen, ausstanzen und in 12 gleichgroße Kugeln teilen. Ordnen Sie die Teigkugeln in der vorbereiteten Auflaufform an. Decken Sie die Form mit Frischhaltefolie ab und lassen Sie die Brötchen an einem warmen Ort etwa 20 Minuten lang gehen, bis sie aufgehen und ihr Volumen fast verdoppelt haben.

d) Backen Sie die Brötchen etwa 20 Minuten lang, bis ihre Oberseite goldbraun ist.

e) Machen Sie die Butter. In einer kleinen Pfanne die Butter bei schwacher Hitze schmelzen. Den Knoblauch und die italienischen Gewürze hinzufügen und bei schwacher Hitze ca. 3 Minuten kochen, bis die Butter leicht gebräunt und der

Knoblauch goldbraun ist. Die Pfanne vom Herd nehmen und den Parmesan unterrühren.

f) Die Brötchen mit der warmen Kräuter-Knoblauchbutter bestreichen und nach Belieben mit Salz bestreuen. Zum Garnieren mit frischem Basilikum bestreuen. Ziehen Sie sie auseinander und servieren Sie sie warm.

33. Im Ofen gebackene Cajun-Pommes

PERSONEN: 4

Zutaten

- 4 mittelgroße rostrote Kartoffeln, in $\frac{1}{4}$-Zoll-Stäbchen geschnitten
- $\frac{1}{4}$ Tasse natives Olivenöl extra
- 2 Esslöffel frische Thymianblätter
- 2 Teelöffel hausgemachtes kreolisches Gewürz
- 2 Teelöffel geräuchertes Paprikapulver
- $\frac{1}{2}$ Teelöffel gemahlener Cayennepfeffer
- Flockenförmiges Meersalz

Richtungen

a) Heizen Sie den Ofen auf 425 °F vor.

b) Legen Sie die Kartoffeln auf ein großes Backblech mit Rand (oder zwei, falls nötig) und achten Sie darauf, dass die Pfanne nicht zu voll wird. Mit Olivenöl beträufeln und mit Thymian, kreolischen Gewürzen, Paprika, Cayennepfeffer und einer großen Prise Salz würzen. Vorsichtig umrühren und gleichmäßig verteilen.

c) 15 bis 20 Minuten lang goldbraun backen, umdrehen und weitere 15 bis 20 Minuten backen, bis es goldbraun und knusprig ist.

34. Balsamico-Pfirsich-Brie-Tarte

PERSONEN: 6

Zutaten

- 1 Blatt gefrorener Blätterteig, aufgetaut
- ⅓ Tasse Zitronen-Basilikum-Pesto
- 1 (8 Unzen) Laib Brie-Käse, mit der Schale versehen und in Scheiben geschnitten
- 2 reife Pfirsiche, in dünne Scheiben geschnitten
- Natives Olivenöl extra
- Koscheres Salz und frisch gemahlener Pfeffer
- 3 Unzen dünn geschnittener Schinken, zerrissen
- ¼ Tasse Balsamico-Essig
- 2 bis 3 Esslöffel Honig
- Frische Basilikumblätter zum Servieren

Richtungen

a) Heizen Sie den Ofen auf 425 °F vor. Ein umrandetes Backblech mit Backpapier auslegen.

b) Rollen Sie den Blätterteig vorsichtig auf einer sauberen Arbeitsfläche auf eine Dicke von 0,5 cm aus und legen Sie ihn auf das vorbereitete Backblech. Stechen Sie den Teig rundherum mit einer Gabel ein und verteilen Sie dann das Pesto gleichmäßig auf dem Teig, sodass ein Rand von $\frac{1}{2}$ Zoll frei bleibt. Brie und Pfirsiche auf dem Pesto anrichten und leicht mit Olivenöl beträufeln. Mit Salz und Pfeffer würzen und mit dem Prosciutto belegen. Die Teigränder mit Pfeffer bestreuen.

c) 25 bis 30 Minuten backen, bis der Teig goldbraun und der Prosciutto knusprig ist.

d) In der Zwischenzeit in einer kleinen Schüssel Essig und Honig verrühren.

e) Die Tarte aus dem Ofen nehmen, mit Basilikumblättern belegen und mit der Honigmischung beträufeln. In Stücke schneiden und warm servieren.

35.   Kartoffelpüree

PERSONEN: 6

Zutaten

- 8 mittelgroße Yukon-Goldkartoffeln, nach Wunsch geschält
- 4 Knoblauchzehen, zerdrückt
- 1 Teelöffel koscheres Salz
- Frisch gemahlener Pfeffer
- $\frac{3}{4}$ Tasse Vollmilch oder Sahne
- $\frac{1}{2}$ Tasse geriebener Parmesankäse
- 2 Esslöffel Mascarpone-Käse
- 6 Esslöffel gesalzene Butter
- 1 Esslöffel gehackte frische Salbeiblätter

Richtungen

a) Im Schnellkochtopf Kartoffeln, Knoblauch, Salz und eine Prise Pfeffer vermischen und mit 3 bis 4 Tassen Wasser bedecken, um die Kartoffeln einzutauchen.

b) Den Deckel verschließen und 10 Minuten lang bei hohem Druck garen. Schnelle oder natürliche Freisetzung, dann öffnen, wenn der Druck nachlässt. Lassen Sie die Kartoffeln abtropfen und geben Sie sie zurück in den Schnellkochtopf. Die Milch hinzufügen und mit einem Kartoffelstampfer oder einem Handmixer pürieren, bis eine glatte und cremige Masse entsteht. Parmesan und Mascarpone unterrühren, bis alles gut vermischt ist.

c) In der Zwischenzeit in einer kleinen Pfanne die Butter bei mittlerer Hitze schmelzen, bis sie gerade gebräunt ist, und dabei die gebräunten Stückchen vom Boden der Pfanne etwa 3 Minuten lang verrühren. Den Salbei einrühren und etwa 30 Sekunden lang kochen, bis es duftet. Die gebräunte Butter in das warme Kartoffelpüree geben und verrühren.

d) Abschmecken und nach Bedarf mehr Salz und Pfeffer hinzufügen.

36. Cacio e Pepe Rosenkohl

PERSONEN: 6

Zutaten

- 2 Esslöffel natives Olivenöl extra
- 1½ Teelöffel frisch gemahlener Pfeffer
- Zerkleinerte rote Paprikaflocken
- 1 (12 Unzen) Beutel geriebener Rosenkohl
- 2 Esslöffel gesalzene Butter
- 1 Teelöffel koscheres Salz
- 1½ Tassen geriebener Parmesankäse, plus mehr zum Servieren
- Schale von 1 Zitrone
- ⅓ Tasse geröstete Haselnüsse oder Pekannüsse, grob gehackt

Richtungen

a) In einer großen Pfanne bei mittlerer Hitze das Olivenöl, den Pfeffer und die roten Paprikaflocken zusammen 30 Sekunden bis 1 Minute lang anbraten, bis sie geröstet sind. Fügen Sie den Rosenkohl hinzu und kochen Sie ihn ohne Rühren etwa 2 Minuten lang, bis er weich wird.

b) Butter einrühren, mit Salz würzen und ca. 2 Minuten kochen, bis der Rosenkohl gerade anfängt zu verkohlen. Nehmen Sie die Pfanne vom Herd und geben Sie Parmesan, Zitronenschale und Haselnüsse hinzu.

c) Warm servieren, mit frischem Parmesan garnieren.

37. Mit Prosciutto umwickelte Zucchini-Häppchen

Ergibt: 18 bis 20 Rollen

Zutaten

- 4 kleine oder 2 mittelgroße Zucchini, der Länge nach in sehr dünne Streifen geschnitten
- 1 Esslöffel natives Olivenöl extra
- Koscheres Salz und frisch gemahlener Pfeffer
- 6 Unzen Ziegenkäse
- 1 Esslöffel frischer Thymian, plus mehr zum Servieren
- 2 Teelöffel Honig, plus mehr zum Servieren
- Schale einer halben Zitrone
- $\frac{1}{4}$ Tasse sonnengetrocknete Tomaten, in Öl eingelegt, abgetropft und gehackt
- $\frac{1}{4}$ Tasse frische Basilikumblätter, gehackt
- 10 dünne Scheiben Prosciutto, der Länge nach halbiert

Richtungen

a) Heizen Sie den Ofen auf 425 °F vor. Ein umrandetes Backblech mit Backpapier auslegen.

b) In einer großen Schüssel die Zucchinistreifen mit Olivenöl und je einer Prise Salz und Pfeffer vermischen.

c) In einer kleinen Schüssel Ziegenkäse, Thymian, Honig, Zitronenschale, sonnengetrocknete Tomaten, Basilikum und je eine Prise Salz und Pfeffer verrühren.

d) Legen Sie nacheinander ein Zucchiniband auf eine saubere Arbeitsfläche. 1 Esslöffel der Käsemischung auf ein Ende geben und das Band aufrollen. Wickeln Sie zum Fixieren ein Stück Prosciutto um die Zucchini. Legen Sie die Brötchen mit der Naht nach unten auf das vorbereitete Backblech. Mit den restlichen Zucchinibändern wiederholen.

e) 20 bis 25 Minuten backen, bis der Prosciutto knusprig ist. Die Brötchen werden etwas triefen; Das ist in Ordnung. Lassen Sie sie 6 Minuten lang auf dem Backblech ruhen, bevor Sie sie mit frischem Thymian bestreut und mit Honig beträufelt servieren.

38. Extra-sanfter Hummus

PERSONEN: 8

Zutaten

- 2 (14-Unzen) Dosen Kichererbsen
- 2 Knoblauchzehen, zerdrückt
- $\frac{1}{4}$ Teelöffel gemahlener Kreuzkümmel
- Saft von 1 Zitrone, plus mehr nach Bedarf
- $\frac{1}{2}$ Tasse Tahini
- 2 Esslöffel natives Olivenöl extra, plus mehr zum Servieren
- Flockenförmiges Meersalz
- Geröstete Pinienkerne zum Servieren (optional)

Richtungen

a) Im Schnellkochtopf die Kichererbsen, die Flüssigkeit aus den Dosen und den Knoblauch vermischen. Den Deckel verschließen und 10 Minuten lang bei hohem Druck garen. Schnelle oder natürliche Freisetzung, dann öffnen, wenn der Druck nachlässt.

b) Eine halbe Tasse der Kochflüssigkeit auffangen und den Rest abgießen. Geben Sie die Kichererbsen und den Knoblauch in eine Küchenmaschine und zerkleinern Sie sie etwa 3 Minuten lang, bis sie weitgehend glatt sind. Kreuzkümmel, Zitronensaft, Tahini und Olivenöl hinzufügen und etwa 1 Minute lang vermischen. Während des Pürierens langsam die zurückbehaltene Kochflüssigkeit hinzufügen, jeweils einen Esslöffel, bis die gewünschte Konsistenz erreicht ist. Abschmecken und nach Bedarf Salz hinzufügen.

c) Den Hummus in eine Schüssel geben. Nach Belieben mit Olivenöl und gerösteten Pinienkernen servieren. Lagern Sie den Hummus gekühlt in einem luftdichten Behälter bis zu 1 Woche.

39. Ahorn-Zimt-Eichelkürbis

PERSONEN: 4

Zutaten

- 2 Eichelkürbisse, der Länge nach halbiert und entkernt
- 3 Esslöffel reiner Ahornsirup
- 1 Teelöffel gemahlener Zimt
- Koscheres Salz
- 4 Esslöffel gesalzene Butter

Richtungen

a) Heizen Sie den Ofen auf 425 °F vor. Ein umrandetes Backblech mit Backpapier auslegen.

b) Legen Sie den Kürbis mit der Schnittfläche nach unten auf das vorbereitete Backblech. Etwa 15 Minuten backen, bis es weich ist. Aus dem Ofen nehmen und jede Kürbishälfte vorsichtig wenden. Den Ahornsirup über den Kürbis träufeln und gleichmäßig mit Zimt und Salz bestreuen. Geben Sie jeweils einen Esslöffel Butter in die Mitte. Geben Sie den Kürbis wieder in den Ofen und backen Sie ihn noch etwa 30 Minuten, bis er anfängt zu karamellisieren und zu bräunen.

c) Aus dem Ofen nehmen und die Butter mit einem Löffel um den Kürbis herum schwenken, um jede Hälfte gleichmäßig zu bedecken. Warm servieren.

40. Geschnittene Gurkengurken

Ergibt etwa 1 Tasse

Zutaten

- Scheiben geschnitten
- 1 Teelöffel Zwiebelpulver
- 2 Esslöffel Zitronensaft

Richtungen

a) Mischen Sie die Zutaten in einer Rührschüssel. Unter Druck in eine Gurkenpresse geben.

b) Oder stellen Sie einen Teller über die Mischung in der Schüssel und stapeln Sie schwere Teller darauf.

c) Einen Tag bei Zimmertemperatur stehen lassen.

d) Im Kühlschrank

bleibt es mehrere Tage haltbar.

41. **kandierte Yamswurzeln**

Für 4 Personen

Zutaten:

- 4 Yamswurzeln oder Süßkartoffeln, geschält
- 1 oder 2 Esslöffel roher Honig oder roher Agavennektar

Richtungen

a) In einer Küchenmaschine mit dem S-Klinge die Yamswurzeln glatt rühren.

b) Fügen Sie nach und nach Süßungsmittel hinzu, verarbeiten Sie es jedes Mal und probieren Sie es dann ab, bis die gewünschte Süße erreicht ist.

c) Achten Sie darauf, nicht zu stark zu süßen.

42.   Mit Krautsalat gefüllte Avocados

Portionen : 4

Zutaten

- 2 Tassen geriebener Rotkohl
- 3/4 Tasse geriebene Karotte
- 1/2 Tasse geraspelte rote Zwiebel
- Saft von 1 Limette
- 2 Avocados, halbiert und entkernt

Richtungen

a) und die rote Zwiebel vermischen

b) Limettensaft über die Kohlmischung gießen und vermischen.

c) In jede Avocadohälfte vorsichtig ein Loch bohren. Mit dem Krautsalat füllen und Genießen!

43.   Rohe Zucchiniröllchen

Portionen: 3

Zutaten

- 1 mittelgroße Zucchini
- 150g Cashew -Frischkäse
- 2 Esslöffel Zitronensaft
- 5 frische Basilikumblätter
- Handvoll Walnüsse

Richtungen

a) Cashewkäse mit Zitronensaft und frisch gehacktem Basilikum vermischen.

b) Fügen Sie eine Handvoll gehackte Nüsse hinzu.

c) Schneiden Sie mit einem Kartoffelschäler lange Streifen aus der Zucchini heraus,

d) Auf jeden Streifen etwa 1 Teelöffel Käsemischung geben.

e) Den Zucchinistreifen über die Käsemischung rollen und mit frischem Basilikum garnieren.

44. Mit Cashew-Pesto gefüllte Pilze

Für 12 Pilze

Zutaten

- 10 Unzen. ganze Cremini-Pilze, mittlerer Stiel entfernt
- 15-20 große Basilikumblätter
- Saft und Schale von 1 Zitrone
- 2/3 Tasse rohe Cashewnüsse
- Schwarzer Pfeffer nach Geschmack

Richtungen

a) In einer Küchenmaschine oder einem Mixer Basilikum, Zitronensaft und Cashewnüsse vermischen.

b) Mit Pfeffer würzen und in einer Küchenmaschine grob zerkleinern.

c) Etwa 30 Sekunden lang mixen, bis das Pesto glatt und cremig ist.

d) Legen Sie die Pilzkappen mit der offenen Seite nach oben auf eine Servierplatte. Das Pesto in die Pilzkappen geben.

e) Mit Zitronenschale belegen und mit einer ganzen Cashewnuss garnieren.

45. Avocado-Caprese-Salat

Portionen: 6 Portionen

Zutaten

- 4 mittelgroße alte Tomaten
- 3 mittelgroße Avocados
- 1 großer Bund frisches Basilikum
- 1 Zitrone entsaftet

Richtungen

a) Schneiden Sie die Avocado rund um den Äquator ein und entfernen Sie den Kern. In Scheiben schneiden und dann die Schale entfernen.

b) Avocadoscheiben leicht im Zitronensaft wenden.

c) Tomaten in Scheiben schneiden .

d) Tomatenscheiben, Avocadoscheiben und Basilikumblätter schichten. Genießen!

46. Rohe Taco-Boote

Portionen 4

Zutaten

- 1 Kopf Römersalat
- 1/2 Tasse roher Rübenhummus
- 1 Tasse halbierte Kirschtomaten
- 3/4 Tasse dünn geschnittener Rotkohl
- 1 mittelreife Avocado (gewürfelt)

Richtungen

a) Salatschiffchen auf einer Servierplatte anrichten und mit 1-2 Esslöffeln (15-30 g) Hummus füllen.

b) Dann mit Tomaten, Kohl und Avocado belegen .

47. Büffel-Blumenkohl-Häppchen mit schwarzem Pfeffer

PERSONEN: 6

Zutaten

- ½ Tasse natives Olivenöl extra
- ½ Tasse scharfe Soße, zum Beispiel Frank's Red-Hot
- 2 Teelöffel geräuchertes Paprikapulver
- 1 bis 2 Teelöffel frisch gemahlener Pfeffer, plus mehr nach Geschmack
- 1 Teelöffel Knoblauchpulver
- Koscheres Salz
- 2 Köpfe Blumenkohl, in Röschen zerteilt (ca. 6 Tassen)
- 1¼ Tassen Panko-Semmelbrösel
- ½ Tasse geriebener Parmesankäse
- ⅓ Tasse geriebener Cheddar-Käse

Richtungen

a) Heizen Sie den Ofen auf 425 °F vor. Ein umrandetes Backblech mit Backpapier auslegen.

b) Machen Sie den Blumenkohl. In einer mittelgroßen Schüssel Olivenöl, scharfe Soße, Paprika, Pfeffer, Knoblauchpulver und eine Prise Salz vermischen.

c) Geben Sie den Blumenkohl in eine große Schüssel und fügen Sie die Hälfte der Soße hinzu. Behalten Sie die restliche Soße für eine andere Verwendung auf. Zum Überziehen wenden. In einer flachen Schüssel Semmelbrösel und Parmesan vermengen.

d) Den Blumenkohl in den Semmelbröseln wälzen und festdrücken. Auf das vorbereitete Backblech legen und mit dem restlichen Blumenkohl wiederholen.

e) Etwa 20 Minuten rösten, bis sie zart und goldbraun sind. Den Blumenkohl aus dem Ofen nehmen und den Cheddar darüber streuen. Legen Sie das Backblech wieder in den Ofen und rösten Sie weitere 10 bis 15 Minuten weiter, bis der Blumenkohl goldbraun ist und der Käse knusprig wird.

HAUPTKURS

48. 15-minütige Knoblauchbutter-Ramen

PERSONEN: 2

Zutaten

- 6 Esslöffel gesalzene Butter
- 4 Knoblauchzehen, gehackt oder gerieben
- 1 (2,5 cm) Stück frischer Ingwer, geschält und gerieben
- 2 bis 3 Tassen fein gehacktes dunkles Blattgemüse wie Spinat oder Grünkohl
- 2 Packungen Ramen-Nudeln aus braunem Reis, Gewürzpaket weggeworfen
- 3 Esslöffel natriumarme Sojasauce
- ¼ Tasse frisches Basilikum, gehackt, plus mehr zum Servieren
- 2 Spiegeleier, zum Servieren (optional)
- Geröstete Sesamkörner zum Servieren (optional)
- Frisch gemahlener Pfeffer

Richtungen

a) In einer großen Pfanne bei mittlerer Hitze die Butter schmelzen, dann den Knoblauch und den Ingwer unter ständigem Rühren hinzufügen. 3 bis 4 Minuten kochen, bis der Knoblauch duftet und zu karamellisieren beginnt. Fügen Sie das Gemüse hinzu und kochen Sie es weitere 2 bis 3 Minuten, bis es zusammengefallen ist.

b) In der Zwischenzeit die Nudeln nach Packungsanweisung kochen. Abfluss.

c) Nudeln und Sojasauce in die Pfanne geben und mit der Knoblauchbutter vermischen. Vom Herd nehmen und das Basilikum dazugeben und vermengen.

d) Verteilen Sie die Nudeln auf zwei Schüsseln und belegen Sie jede mit einem Spiegelei, Sesamkörnern und bei Bedarf mit etwas Basilikum. Pfeffern.

49. Pilz-Cheese-Steaks

PERSONEN: 4

Zutaten

- 2 Esslöffel ungesalzene Butter
- 1 große gelbe Zwiebel, in dünne Scheiben geschnitten
- 1 Esslöffel natriumarme Sojasauce
- 4 Portobello-Pilze, in Scheiben geschnitten
- 2 Knoblauchzehen, fein gehackt
- 2 Poblano-Paprikaschoten, in Scheiben geschnitten
- 1 rote Paprika, in Scheiben geschnitten
- 1 Esslöffel gehackter frischer Oregano
- Koscheres Salz und frisch gemahlener Pfeffer
- 4 Hoagie-Brötchen, halbiert
- 4 Scheiben Provolone-Käse
- Yum Yum Soße

Richtungen

a) Im Slow-Cooker-Topf Butter, Zwiebel und Sojasauce vermischen. Pilze, Knoblauch, Poblano-Paprika, Paprika, Oregano und je eine Prise Salz und Pfeffer hinzufügen. Abdecken und kochen, bis das Gemüse weich ist, etwa 4 Stunden auf niedriger Stufe und 2 bis 3 Stunden auf hoher Stufe.

b) Heizen Sie den Ofen auf 400 °F vor.

c) Die Pilze und Paprika auf die Hoagie-Brötchen verteilen und dann mit Provolone-Käse belegen. Wickeln Sie jeden Hoagie in ein Blatt Pergamentpapier, dann in Folie und legen Sie ihn direkt auf den Ofenrost, bis der Käse geschmolzen ist (ca. 5 Minuten).

d) Sofort servieren, auf Wunsch mit der Yum-Yum-Sauce als Beilage.

50.   Falafel-Bowl mit Avocado

PERSONEN: 6

Zutaten

Falafel

- 1 Tasse gehackte Karotten
- 1 (14,5 Unzen) Dose Kichererbsen, abgetropft und abgespült
- ½ Tasse Allzweckmehl
- ¼ Tasse rohe Sesamkörner
- 2 Knoblauchzehen, gerieben
- 1 Teelöffel gemahlener Kreuzkümmel
- Koscheres Salz und frisch gemahlener Pfeffer
- Pflanzenöl zum Braten

Quinoa-Salat

- ½ Tasse frische Petersilie, gehackt
- 2 Esslöffel gehackter frischer Dill oder Minze, plus mehr zum Servieren
- 1 Jalapeño-Pfeffer, entkernt und gehackt
- Kerne von 1 Granatapfel
- Saft von 1 Zitrone

- Koscheres Salz
- 2 Tassen gekochte Quinoa
- 1 Avocado, in Scheiben geschnitten
- 2 persische Gurken, in Scheiben geschnitten

Zitronen-Tahini

- ¼ Tasse gesalzenes Tahini
- Saft einer halben Zitrone
- 1 (2,5 cm) Stück frischer Ingwer, geschält und gerieben

Richtungen

a) Machen Sie die Falafel. Geben Sie die Karotten in eine Küchenmaschine und zerkleinern Sie sie etwa 1 Minute lang, bis sie fein gehackt sind. Kichererbsen, Mehl, Sesam, Knoblauch, Kreuzkümmel und je eine Prise Salz und Pfeffer hinzufügen. 30 Sekunden bis 1 Minute lang pulsieren, bis sich die Mischung vermischt hat und ein Teig entsteht. Rollen Sie den Teig mit einem Messlöffel und Ihren Händen zu teelöffelgroßen Kugeln.

b) Befestigen Sie ein Thermometer an der Seite eines großen Topfes mit dickem Boden. Fügen Sie etwa 2,5 cm Öl hinzu und erhitzen Sie es auf 375 °F. Fügen Sie die Falafelbällchen portionsweise hinzu und braten Sie sie 2 bis 3 Minuten lang, bis sie goldbraun und durchgegart sind. Nehmen Sie die Kugeln mit einer Spinne oder einem Schaumlöffel aus dem Topf und lassen Sie sie auf einem mit Küchenpapier ausgelegten Teller abtropfen.

c) Machen Sie den Quinoa-Salat. Petersilie, Dill, Jalapeño, Granatapfelkerne, Zitronensaft, Salz, Quinoa, Avocado und Gurken in eine große Schüssel geben. Zum Kombinieren vermischen.

d) Machen Sie das Zitronen-Tahini. In einer kleinen Schüssel Tahini, Zitronensaft und Ingwer verrühren, bis alles vollständig vermischt ist. Geben Sie jeweils einen Teelöffel Wasser hinzu und verdünnen Sie es nach Bedarf.

e) Den Salat auf sechs Schüsseln verteilen. Jeweils 3 oder 4 Falafelbällchen darauflegen, Zitronen-Tahini darüber träufeln und vor dem Servieren mit gehacktem Dill garnieren.

51.   Marokkanische Kichererbsen-Karotten-Tajine

PERSONEN: 6

Zutaten

- 1 mittelsüße Zwiebel, fein gehackt
- 1 (2,5 cm) Stück frischer Ingwer, geschält und gerieben
- 2 Knoblauchzehen, gehackt oder gerieben
- 4 Karotten, gehackt
- 1 rote Paprika, entkernt und gehackt
- 1 (14 Unzen) Dose gewürfelte Tomaten
- 2 Esslöffel Harissa-Paste
- 2 Teelöffel geräuchertes Paprikapulver
- $\frac{3}{4}$ Teelöffel gemahlener Kreuzkümmel
- $\frac{3}{4}$ Teelöffel gemahlener Zimt
- Koscheres Salz und frisch gemahlener Pfeffer
- Saft einer halben Zitrone
- 2 (14-Unzen) Dosen Kichererbsen, abgetropft und abgespült
- $\frac{1}{2}$ Tasse frischer Koriander, gehackt

- Gekochter Couscous oder Naan zum Servieren
- Kerne von 1 Granatapfel (ca. 1 Tasse) zum Servieren
- Frische Minze zum Servieren

Richtungen

a) Im Slow-Cooker-Topf Zwiebeln, Ingwer, Knoblauch, Karotten, Paprika, Tomaten, Harissa, 1 Tasse Wasser, Paprika, Kreuzkümmel, Zimt und je eine große Prise Salz und Pfeffer vermischen. Zum Kombinieren umrühren. Abdecken und 6 bis 8 Stunden auf niedriger Stufe oder 4 bis 6 Stunden auf hoher Stufe garen.

b) Kurz vor dem Servieren Zitronensaft, Kichererbsen und Koriander unterrühren und ca. 5 Minuten kochen, bis die Kichererbsen durchgewärmt sind. Fügen Sie nach Bedarf mehr Wasser hinzu, um die Tajine zu verdünnen.

c) Über Couscous oder mit Naan servieren und mit Granatapfelkernen und Minze belegen.

d) Bewahren Sie Reste gekühlt in einem luftdichten Behälter bis zu 3 Tage auf.

52.   Mit Gemüse beladenes Pad siehe EW

PERSONEN: 4

Zutaten

- 8 Unzen Reisnudeln
- ⅓ Tasse natriumarme Sojasauce
- 1 Esslöffel Fischsauce
- 1 Esslöffel Austernsauce
- 1 Esslöffel Honig
- 2 Esslöffel Erdnussöl
- 2 Knoblauchzehen, gehackt oder gerieben
- 4 Tassen gemischtes Gemüse, wie chinesischer Brokkoli, Paprika, Karotten, Broccolini, Blumenkohl, Zuckerschoten
- 1 Jalapeño-Pfeffer, entkernt und gehackt (optional)
- 2 große Eier, geschlagen
- 2 gehackte Frühlingszwiebeln oder 1 Esslöffel gehackter Koriander zum Servieren

Richtungen

a) Bringen Sie einen großen Topf Wasser bei starker Hitze zum Kochen. Die Reisnudeln dazugeben und nach Packungsanweisung kochen, bis sie weich sind. Abtropfen lassen und beiseite stellen.

b) In der Zwischenzeit in einer kleinen Schüssel Sojasauce, Fischsauce, Austernsauce, Honig und ¼ Tasse Wasser verrühren.

c) Das Öl in einer großen Pfanne bei mittlerer bis hoher Hitze erhitzen. Wenn das Öl schimmert, fügen Sie Knoblauch, Gemüse und Jalapeño (falls verwendet) hinzu und kochen Sie es etwa 5 Minuten lang, bis das Gemüse weich ist. Schieben Sie das Gemüse auf eine Seite der Pfanne. Geben Sie die Eier auf die leere Seite der Pfanne und kochen Sie sie unter vorsichtigem Rühren etwa 2 Minuten lang, bis sie gar sind. Die Nudeln-Sojasauce-Mischung in die Pfanne geben und vorsichtig umrühren, um alle Zutaten zu vermischen. Das Pad 5 Minuten lang köcheln lassen, oder bis die Soße die Nudeln bedeckt.

d) Mit Frühlingszwiebeln belegen und sofort servieren.

53. Curry-Frühlingsrollen-Salat-Wraps

PERSONEN: 4

Zutaten

- 8 Unzen Reisnudeln
- 2 rote oder orange Paprika, entkernt und gehackt
- 2 Karotten, geraspelt
- 1 Gurke, gehackt
- ¼ Tasse frische Basilikumblätter, gehackt
- ¼ Tasse Erdnusssauce
- 8 große Butter- oder Römersalatblätter
- 1 Avocado, in Scheiben geschnitten
- Gehackte geröstete Erdnüsse zum Servieren
- Gehackte rote Fresno-Chilis zum Servieren
- Limettenschnitze zum Servieren
- Thailändische süße Chilisauce zum Servieren (optional)

Richtungen

a) Bringen Sie einen großen Topf Wasser bei starker Hitze zum Kochen. Die Reisnudeln dazugeben und nach Packungsanweisung kochen, bis sie weich sind. Abgießen und etwa 5 Minuten abkühlen lassen.

b) In einer mittelgroßen Schüssel Reisnudeln, Paprika, Karotten, Gurke, Basilikum und Erdnusssauce vermischen und damit bedecken. Teilen Sie die Nudeln gleichmäßig in acht Portionen auf und legen Sie jede Portion auf ein Salatblatt. Jeweils mit Avocado, Erdnüssen, Chilis und einem Spritzer Limettensaft belegen.

c) Nach Belieben mit Chilisauce zum Dippen servieren.

54. Würziges Kartoffel-Shakshuka

PERSONEN: 4

Zutaten

- 2 Esslöffel natives Olivenöl extra
- 1 mittelgroße gelbe Zwiebel, gehackt
- 1 Pfund Baby-Yukon-Goldkartoffeln, halbiert
- 2 Teelöffel Chipotle-Chilipulver
- 1 Teelöffel geräuchertes Paprikapulver
- Koscheres Salz und frisch gemahlener Pfeffer
- 1 (28-Unzen) Dose zerdrückte Tomaten, wie z. B. San Marzano- oder Pomi-Tomaten
- 1 (12-Unzen) Glas geröstete rote Paprika, abgetropft und gehackt
- ½ Tasse geriebener scharfer Cheddar-Käse
- 4 bis 6 große Eier
- ¼ Tasse frische Petersilie, grob gehackt, zum Garnieren
- 2 Esslöffel geröstete Sesamkörner zum Garnieren
- 4 Scheiben knuspriges Brot zum Servieren (optional)

Richtungen

a) Das Olivenöl in einer großen Pfanne bei mittlerer Hitze erhitzen. Wenn das Öl schimmert, fügen Sie die Zwiebeln und Kartoffeln hinzu und kochen Sie sie 8 bis 10 Minuten lang, bis sie weich sind. Chipotle-Chilipulver, Paprika und je eine Prise Salz und Pfeffer unterrühren und ca. 1 Minute weiter köcheln lassen, bis die Zwiebel bedeckt ist.

b) Tomaten, rote Paprika und ⅓ Tasse Wasser hinzufügen. Erhöhen Sie die Hitze auf mittelhoch und bringen Sie die Sauce auf einen niedrigen Siedepunkt. Die Hitze auf mittlere Stufe reduzieren und etwa 5 Minuten köcheln lassen, bis die Sauce leicht eingedickt ist und die Kartoffeln gabelweich sind. Abschmecken und nach Bedarf mehr Salz und Pfeffer hinzufügen.

c) Mit der Rückseite eines Löffels 4 bis 6 gleichmäßig verteilte Mulden für die Eier formen. Streuen Sie den Käse gleichmäßig in jede Vertiefung und schlagen Sie dann vorsichtig 1 Ei hinein, sodass das Eigelb intakt bleibt. Decken Sie die Pfanne ab und kochen Sie das Ganze 10 bis 12 Minuten lang, bis das Eiweiß fest ist.

d) Nach Familienart mit Petersilie und Sesamkörnern servieren und auf Wunsch mit knusprigem Brot servieren.

55. Scharf-scharfe Topfaufkleber

Ergibt: 18 bis 20 Topfaufkleber

Zutaten
Chili-Erdnussöl

- ½ Tasse Sesamöl
- 1 Knoblauchzehe, zerdrückt
- 2 Esslöffel rohe Erdnüsse
- 1 Esslöffel rohe Sesamkörner
- 1 bis 2 Esslöffel zerstoßene rote Paprikaflocken
- 1 Teelöffel koscheres Salz

Topfaufkleber

- 4 Esslöffel Sesamöl
- 1 (2,5 cm) Stück frischer Ingwer, geschält und gerieben
- 2 Knoblauchzehen, gerieben
- 4 Tassen gehacktes gemischtes Gemüse
- 2 Esslöffel natriumarme Sojasauce
- 2 Esslöffel Frühlingszwiebeln, gehackt

- 18 bis 20 Wan-Tan-Deckblätter
- ⅓ Tasse rohe Sesamkörner

Richtungen

a) Machen Sie das Chiliöl. In einem kleinen Topf Sesamöl, Knoblauch, Erdnüsse und Sesamsamen vermischen. Bei mittlerer Hitze erhitzen und unter Rühren ca. 5 Minuten kochen, bis es duftet. Nehmen Sie die Pfanne vom Herd und rühren Sie die roten Paprikaflocken unter. Etwas abkühlen lassen. Geben Sie die Mischung in eine Küchenmaschine und zerkleinern Sie sie 30 Sekunden bis 1 Minute lang, bis die Erdnüsse fein gemahlen sind. Fügen Sie Salz hinzu und pulsieren Sie erneut, um alles zu vermischen.

b) Machen Sie die Füllung. 1 Esslöffel Sesamöl in einer großen Pfanne bei mittlerer bis hoher Hitze erhitzen. Wenn das Öl schimmert, fügen Sie Ingwer, Knoblauch und Gemüse hinzu und braten Sie es unter Rühren 5 bis 10 Minuten lang an, bis das Gemüse gar ist. Fügen Sie die Sojasauce und die Frühlingszwiebeln hinzu und kochen Sie weitere 2 bis 3 Minuten, bis die gesamte Flüssigkeit verdampft ist. Nehmen Sie die Pfanne vom Herd und lassen Sie sie abkühlen.

c) Montieren Sie die Topfaufkleber. Legen Sie die Wan-Tan-Hüllen auf eine saubere Arbeitsfläche. Nacheinander jeweils 1 Esslöffel Füllung in die Mitte geben. Bestreichen Sie die Ränder mit Wasser, falten Sie dann die Verpackung über die Füllung, sodass ein Halbmond entsteht, und drücken Sie die Ränder zusammen, um sie zu verschließen. Wiederholen Sie den Vorgang mit der restlichen Füllung und dem Wrapper.

d) Geben Sie die Sesamkörner in eine flache Schüssel. Bestreichen Sie den Boden der Topfaufkleber mit Wasser, tauchen Sie sie dann in die Sesamkörner und drücken Sie sie fest an.

e) Wischen Sie die Pfanne, in der Sie die Füllung zubereitet haben, aus und erhitzen Sie die restlichen 3 Esslöffel Sesamöl bei mittlerer Hitze.

f) Wenn das Öl schimmert, fügen Sie in mehreren Portionen einige Topfaufkleber hinzu und kochen Sie es 2 bis 3 Minuten lang, bis der Boden leicht goldbraun ist. Gießen Sie $\frac{1}{4}$ Tasse Wasser hinein und decken Sie die Pfanne sofort mit einem dicht schließenden Deckel ab. Achtung: Treten Sie zurück; das Wasser wird spritzen! Reduzieren Sie die Hitze auf mittlere bis niedrige Stufe und dämpfen Sie die Topfaufkleber 3 bis 4 Minuten lang, bis die Hüllen überall weich sind. Wiederholen Sie den Vorgang mit den restlichen Topfaufklebern.

g) Abkühlen lassen und mit dem Chiliöl zum Dippen servieren.

56. Spaghettikürbis Alfredo

Für 3 oder 4 Personen

Zutaten

- 1 Tasse Sahne
- 2 Unzen Frischkäse
- 6 Esslöffel gesalzene Butter
- 2 Knoblauchzehen, zerdrückt
- 1 Teelöffel getrocknete Petersilie
- 1 Teelöffel getrockneter Oregano
- ¼ Teelöffel frisch gemahlene Muskatnuss
- Koscheres Salz und frisch gemahlener Pfeffer
- 1 mittelgroßer Spaghettikürbis (5 bis 6 Pfund)
- 1 Tasse Vollmilch
- 1½ Tassen geriebener Parmesankäse
- ⅓ Tasse geriebener Pecorino-Käse

Richtungen

a) Im Slow-Cooker-Topf Sahne, Frischkäse, Butter, Knoblauch, Petersilie, Oregano, Muskatnuss und jeweils eine Prise Salz und Pfeffer vermischen. Den Kürbis rundherum mit einer Gabel einstechen und in den Slow Cooker geben. Abdecken und 2 bis 3 Stunden auf hoher Stufe oder 4 bis 5 Stunden auf niedriger Stufe garen. Nehmen Sie den Kürbis aus dem Slow Cooker und lassen Sie ihn abkühlen.

b) In der Zwischenzeit die Milch, den Parmesan und den Pecorino in den Slow Cooker-Topf geben und auf höchster Stufe kochen, bis der Käse geschmolzen und die Soße glatt ist (ca. 15 Minuten). Entfernen Sie den Knoblauch und entsorgen Sie ihn.

c) Schneiden Sie den Kürbis der Länge nach in zwei Hälften, entfernen Sie die Kerne und kratzen Sie das Fruchtfleisch des Spaghettikürbiss mit einer Gabel in eine große Schüssel. es wird sich in Stränge aufteilen. Geben Sie den Kürbis wieder in den Slow Cooker-Topf und vermengen Sie ihn mit der Alfredo-Sauce.

d) Gleichmäßig auf drei oder vier Schüsseln verteilen und sofort servieren.

e) Bewahren Sie Reste gekühlt in einem luftdichten Behälter bis zu 3 Tage auf.

57. Würzige Poblano-Tacos

PERSONEN: 4

Zutaten

Taco-Füllung

- 3 Esslöffel natives Olivenöl extra
- 1 mittelgroße gelbe Zwiebel, gewürfelt
- 3 Tassen grob gehackter Blumenkohl
- 3 Poblano-Paprikaschoten, in Scheiben geschnitten
- 2 Knoblauchzehen, gehackt oder gerieben
- 1 Jalapeño-Pfeffer, entkernt und gehackt
- 3 Esslöffel natriumarme Sojasauce
- ¼ Tasse frischer Koriander, gehackt
- 8 Unzen gewürfelter Halloumi-Käse
- 1 Esslöffel rohe Sesamkörner
- 8 kleine Mehl- oder Maistortillas, erwärmt, zum Servieren
- 1 Avocado, in Scheiben geschnitten, zum Servieren

Joghurtsauce

- 1 Tasse griechischer Naturjoghurt mit vollem Fettgehalt
- 1 Tasse frischer Koriander
- 1 Jalapeño-Pfeffer, entkernt und in Scheiben geschnitten (optional)
- Saft von 1 Limette
- Koscheres Salz

Richtungen

a) Machen Sie die Füllung. In einer großen Pfanne 2 Esslöffel Olivenöl bei mittlerer Hitze erhitzen. Wenn das Öl schimmert, fügen Sie die Zwiebel hinzu und kochen Sie sie unter häufigem Rühren etwa 5 Minuten lang, bis sie weich ist. Blumenkohl und Poblano-Paprika unterrühren und weitere 5 bis 10 Minuten kochen, bis der Blumenkohl anfängt zu bräunen. Fügen Sie den Knoblauch und die Jalapeño hinzu und kochen Sie das Ganze noch etwa 1 Minute lang, bis es duftet. Fügen Sie die Sojasauce hinzu und kochen Sie unter Rühren weitere etwa 2 Minuten, bis die Sojasauce das Gemüse bedeckt. Nehmen Sie die Pfanne vom Herd und rühren Sie den gehackten Koriander unter.

b) In einer kleinen Pfanne den restlichen 1 Esslöffel Olivenöl bei mittlerer Hitze erhitzen. Wenn das Öl schimmert, fügen Sie den Halloumi hinzu und kochen Sie ihn, ohne ihn zu bewegen, bis er goldbraun ist, etwa 2 Minuten pro Seite, also insgesamt 4 bis 5 Minuten. Nehmen Sie die Pfanne vom Herd und rühren Sie die Sesamkörner unter.

c) Machen Sie die Soße. In einem Mixer oder einer Küchenmaschine Joghurt, Koriander, Jalapeño (falls verwendet), Limettensaft und eine große Prise Salz vermischen. Etwa 1 Minute lang pulsieren, bis alles vollkommen glatt ist. Abschmecken und nach Bedarf mehr Salz hinzufügen.

d) Die Füllung zu den Tortillas geben und mit Halloumi, Avocado und Joghurtsauce belegen.

58.　Rawsome Wraps

Für 3 Personen

Zutaten
- 3 Spinat-Wraps
- 1 Avocado
- Saft von 1 Zitrone
- 1 große Rübe
- 1 große Zucchini

Richtungen

a) Rote Bete und Zucchini auf einer Mandoline, einer Käsereibe oder einem Spiralschneider in dünne Streifen schneiden. Beiseite legen.

b) Das Avocadofleisch mit Zitronensaft zerdrücken, bis eine ziemlich glatte Masse entsteht. Verteilen Sie dies auf allen Ihren Wraps.

c) Dann in das dünn geschnittene Gemüse legen und fest, aber vorsichtig einwickeln.

d) 5 Minuten ruhen lassen, dann mit einem scharfen Messer halbieren und genießen!

59. Apfel-Nachos

Ausbeute: Für 1 Person

Zutaten
- 2 Äpfel nach Wahl
- ⅓ Tasse natürliche Nussbutter
- kleine Handvoll Kokosraspeln
- Zimt bestreuen
- 1 Esslöffel Zitronensaft

Richtungen

a) Äpfel: Waschen Sie Ihre Äpfel, entkernen Sie sie und schneiden Sie sie in ¼-Zoll-Scheiben.

b) Die Apfelscheiben mit dem Zitronensaft in eine kleine Schüssel geben und vermengen.

c) Nussbutter: Erhitzen Sie die Nussbutter, bis sie warm und etwas flüssig ist.

d) Die Nussbutter in kreisenden Bewegungen von der Mitte des Tellers bis zum Außenrand beträufeln.

e) Mit Kokosflocken und einer Prise Zimt bestreuen.

60. Rohe, fleischfreie B - Alls

Zutaten

- 1 Tasse rohe Sonnenblumenkerne
- ½ Tasse + 1 Esslöffel rohe Mandelbutter
- 4 sonnengetrocknete Tomaten, eingeweicht
- 3 Esslöffel frisches Basilikum, zerkleinert
- 1 Teelöffel Nussöl

Richtungen

a) Geben Sie alle Zutaten in eine Küchenmaschine und mixen Sie, bis die Mischung eine Konsistenz erreicht, die der von Hackfleisch ähnelt.

b) Schöpfen Sie Teelöffel aus der Mischung und formen Sie daraus einzelne Fleischbällchen.

c) Diese Mischung kann als Bällchen über rohen Zucchini-Nudeln serviert werden.

d) Es passt auch gut zu Marinara-Sauce, Cashew-Sauerrahm oder Pesto!

61. Rohe Karottennudeln

Für 6 Personen

Zutaten:

- 5 große Karotten, geschält und in Spiralen geschnitten
- 1/3 Tasse Cashewnüsse
- 2 Esslöffel frischer Koriander, gehackt
- 1/3 Tasse Ingwer-Limetten-Erdnusssauce oder eine beliebige Rohsauce

Richtungen

a) Alle Karottennudeln in eine große Servierschüssel geben.

b) Die Ingwer-Limetten-Erdnusssauce über die Nudeln gießen und vorsichtig vermischen

c) Mit Cashewnüssen und frisch gehacktem Koriander servieren.

62. Zucchini Pasta

Zutaten:
- 1 Zucchini
- 1 Tasse Tomaten
- 1/2 Tasse sonnengetrocknete Tomaten
- 1,5 Medjool-Datteln

Richtungen

a) Schneiden Sie die Zucchini mit einem Spiralschneider oder einem Julienne-Schäler in Nudelformen.

b) Die restlichen Zutaten in einem Hochgeschwindigkeitsmixer pürieren und vermengen.

63. Shiitake-Pilzsuppe

Ergibt 6 Portionen

Zutaten

- 6 Tassen getrocknete Shiitake-Pilze
- 10 Tassen Wasser
- 2 Esslöffel Nama Shoyu
- 1 Esslöffel frisch gehackter Schnittlauch

Richtungen

a) Geben Sie die Pilze und das Wasser in einen großen Behälter und stellen Sie ihn abgedeckt etwa 8 Stunden lang in den Kühlschrank.

b) Wenn Sie fertig sind, lassen Sie das Pilzwasser in eine andere Schüssel oder einen anderen Behälter abgießen.

c) Nama Shoyu in die Pilzbrühe einrühren.

d) Entfernen und entsorgen Sie die Stiele der Pilze und hacken Sie die Kappen.

e) Die gehackten Champignons in die Brühe geben und mit dem gehackten Schnittlauch belegen.

64. Rote Paprikasuppe

Ergibt 4 Portionen

Zutaten

- 16 rote Paprika, entkernt
- 2 reife Avocados, püriert
- 2 Esslöffel reiner Ahornsirup
- 1 Teelöffel fein geriebener Meerrettich
- Zwiebelpulver nach Geschmack

Richtungen

a) Die roten Paprika entsaften und das Mark entfernen.
b) Messen Sie 6-7 Tassen Pfeffersaft in einer großen Schüssel ab.
c) Avocado, Ahornsirup und Meerrettich mit dem Saft verrühren, bis alles gut vermischt ist.
d) Zwiebelpulver würzen.
e) Kühlen

65. Rotkohl-Grapefruit-Salat

Portionen: 4

Zutaten:
- 4 Tassen dünn geschnittener Rotkohl
- 2 Tassen segmentierte Grapefruit
- 3 Esslöffel getrocknete Preiselbeeren
- 2 Esslöffel Kürbiskerne

Richtungen

a) Geben Sie die Salatzutaten in eine große Rührschüssel und vermischen Sie sie.

66. Scheinsalat-Sandwich

Ergibt 4 Portionen

Zutaten:

- 1 Portion Aioli-Mayonnaise
- 3 Tassen Karottenmark
- 1 Tasse gehackter Sellerie
- ¼ Tasse gehackte gelbe Zwiebel
- 2 Scheiben Brot

Richtungen

a) Aioli-Mayonnaise, Karottenmark, Sellerie und Zwiebeln in eine Rührschüssel geben. Gut mischen.

b) Stellen Sie Ihre Sandwiches zusammen, indem Sie ein Viertel der Mischung auf zwei Brotscheiben verteilen.

c) Mit Tomatenscheiben und Eisbergsalat belegen. Wiederholen Sie den Vorgang, um die restlichen Sandwiches zuzubereiten.

d) Die fertigen Sandwiches sind einige Stunden haltbar. Bei separater Lagerung im Kühlschrank ist der Mock-Thunfisch-Salat 2 Tage haltbar

67. Karotten-Ingwer-Suppe

Für 3 Personen

Zutaten:

- 1½ Tassen Karotten, fein gehackt
- 1 Esslöffel unpasteurisiertes weißes Miso
- 1 Teelöffel frische Ingwerwurzel, fein gehackt
- 1 Knoblauchzehe
- 2 Tassen reines Wasser

Richtungen

a) Alle Zutaten außer einer ¾ Tasse Karotten vermischen.

b) über die Karotten gießen und servieren.

c) Dies ist großartig für den Aufbau der Lungenkraft.

68. Blumenkohl-Brokkoli „Reis"

Portionen: 2-3 Portionen

Zutaten

- 1 Kopf Blumenkohl
- 2 Tassen Brokkoli, gehackt
- 3 Frühlingszwiebelspitzen
- $\frac{3}{4}$ Tasse Paprika, gehackt
- $\frac{1}{4}$ Tasse Edamame

Richtungen

a) Blumenkohl in Röschen teilen und gut abspülen.

b) Röschen in kleinere Stücke schneiden und ein paar Handvoll hineingeben Küchenmaschine gleichzeitig.

c) Etwa 5-10 Sekunden lang pürieren. Wenn Sie einen Mixer verwenden, drücken Sie den Blumenkohl mit einem Stößel nach unten.

d) Blumenkohlmischung in eine Schüssel geben und die restlichen Zutaten unterrühren.

e) Mindestens 30 Minuten ruhen lassen, dabei gelegentlich umrühren.

69. Zucchininudeln mit Kürbis siehe ds

Für 1-2 Personen _

Zutaten

- 2 kleine Zucchini
- 1/4 Tasse rohe Kürbiskerne
- 2 Esslöffel Nährhefe
- 1/4 Tasse Basilikumblätter/andere frische Kräuter
- So viel Nussmilch oder Wasser wie nötig

Richtungen

a) Für die Nudeln die Zucchini auf einer Mandoline oder einem Spiralschneider in Scheiben schneiden. In einer großen Schüssel beiseite stellen.

b) langsam Wasser oder Nussmilch hinzu).

c) Massieren Sie die Sauce in die Nudeln ein, bis sie gleichmäßig bedeckt ist.

d) Lassen Sie sie eine Minute ruhen, damit sie weich werden und marinieren.

70. Mit Zitrone und Petersilie marinierte Pilze

MACHT 1

Zutaten

- 6 c. weiße Champignons
- $\frac{1}{2}$ von 1 süßen weißen Zwiebel
- $\frac{1}{2}$ c. gehackte Petersilie
- $\frac{1}{4}$ c. Zitronensaft
- $\frac{1}{4}$ c. Nussöl _

Richtungen

a) Alle Zutaten für die Marinade in einer kleinen Schüssel vermischen.

b) Alle Pilze etwa $\frac{1}{4}$ Zoll dick hacken und in eine große Schüssel geben.

c) Die Marinade über die Zutaten gießen und verrühren, bis alles gut bedeckt ist.

d) Leeren Sie die Pilze in einen 1-Gallonen-Gefrierbeutel mit Reißverschluss und drücken Sie so viel Luft wie möglich heraus.

e) Die Pilze mindestens 4 Stunden im Kühlschrank lagern. Nehmen Sie etwa einmal pro Stunde den Beutel heraus und drehen Sie ihn um, um die Zutaten ein wenig zu bewegen.

f) Sobald genügend Zeit verstrichen ist, nehmen Sie sie aus dem Kühlschrank, servieren und genießen.

71. Vegane Frühlingsrollen

Portionen 4 Portionen

Zutaten

- 6 Reispapierhüllen
- 1 Julienne-Karotte
- 1/2 mittelgroße Julienne-Gurke
- 1 julienierte rote Paprika
- 100 Gramm oder 1 Tasse geschnittener Rotkohl

Richtungen

a) Beginnen Sie damit, das Reispapier gemäß den Anweisungen auf der Packung einzuweichen.

b) Bereiten Sie das gesamte Gemüse vor, bevor Sie die Brötchen zusammenstellen.

c) Legen Sie Ihre erste Verpackung auf ein Schneidebrett und legen Sie einen kleinen Teil Ihrer Gemüsescheiben sehr fest darauf

d) Rollen Sie alles fest zusammen, genau wie einen Burrito, und falten Sie dabei die Seiten der Reispapierrolle zur Hälfte ein.

e) Jede Rolle halbieren und servieren .

SALATE UND SUPPEN

72. Sonnengetrockneter Tomaten-Avocado-Salat mit Hühnchen

PERSONEN: 6

Zutaten

- 6 Tassen frischer Spinat
- 2 Avocados, in Scheiben geschnitten
- 1 bis 2 Tassen zerkleinertes, gekochtes Hähnchen
- ½ Tasse sonnengetrocknete Tomaten in Olivenöl eingelegt, abgetropft und das Öl beiseite gestellt
- 4 Unzen zerbröckelter Feta-Käse
- ⅓ Tasse geröstete Pinienkerne
- 2 Esslöffel grob gehackter frischer Dill
- Speckvinaigrette

Richtungen

a) Machen Sie den Salat. In einer großen Schüssel Spinat, Avocados, Hühnchen, sonnengetrocknete Tomaten, Feta, Pinienkerne und Dill vermengen. Beiseite legen.

b) Die warme Vinaigrette über den Salat träufeln und vermischen. Sofort servieren.

73. Bagelsalat mit weißen Bohnen und Pesto

PERSONEN: 4

Zutaten

- 3 Esslöffel natives Olivenöl extra
- 1 Alles Bagel, grob zerrissen
- 1 (15 Unzen) Dose Cannellini-Bohnen, abgetropft und abgespült
- ⅓ Tasse Zitronen-Basilikum-Pesto
- 1 Esslöffel Weißweinessig
- Saft von 1 Zitrone
- Flockenförmiges Meersalz
- Zerkleinerte rote Paprikaflocken
- 6 Tassen Baby-Rucola
- ¼ Tasse frisch gehobelter Parmesankäse
- 1 Esslöffel Everything Bagel Spice

Richtungen

a) In einer großen Pfanne 2 Esslöffel Olivenöl bei mittlerer Hitze erhitzen. Wenn das Öl schimmert, fügen Sie den Bagel hinzu und kochen Sie ihn unter gelegentlichem Wenden etwa 5 Minuten lang, bis er leicht geröstet ist. Die Pfanne vom Herd nehmen und beiseite stellen.

b) In einer mittelgroßen Schüssel die Cannellini-Bohnen, das Pesto, den restlichen 1 Esslöffel Olivenöl, den Essig, Zitronensaft und je eine Prise Salzflocken und rote Pfefferflocken vermischen. Rucola, Parmesan und alles Bagelgewürz dazugeben und vermengen.

c) Den Salat auf vier Schüsseln verteilen und mit den Bagel-Croutons belegen.

74. Erbstück-Tomaten-Nektarinen-Salat

PERSONEN: 6

Zutaten

- ¼ Tasse natives Olivenöl extra
- 3 Esslöffel geschälte, geröstete Pistazien
- 2 Esslöffel Balsamico-Essig oder weißer Balsamico-Essig
- 2 Teelöffel Honig
- 12 frische Basilikumblätter, grob gehackt
- 2 Zweige frischer Thymian, gehackt
- 1 Knoblauchzehe, gerieben
- Zerkleinerte rote Paprikaflocken
- Koscheres Salz
- 2½ Tassen Kirschtomaten, halbiert
- 2 Nektarinen, in Spalten geschnitten
- 2 Kugeln Burrata-Käse, grob zerrissen
- 2 Esslöffel gehackter frischer Schnittlauch zum Servieren
- Meersalzflocken zum Servieren

Richtungen

a) In einer Küchenmaschine Olivenöl, Pistazien, Essig, Honig, Basilikum, Thymian, Knoblauch, rote Paprikaflocken und eine Prise Salz vermischen und ca. 1 Minute fein zerkleinern.

b) In einer mittelgroßen Schüssel die Tomaten und Nektarinen vermengen. Das Pistazienpüree dazugeben und vermengen. 10 bis 20 Minuten bei Zimmertemperatur marinieren lassen oder über Nacht im Kühlschrank mit Frischhaltefolie abdecken.

c) Zum Servieren den Salat gleichmäßig auf sechs Schüsseln verteilen und jede mit etwas zerrissenem Burrata, Schnittlauch und einer Prise Salzflocken belegen.

75. Herbsterntesalat

PERSONEN: 6

Zutaten
Salat

- 1 Tasse rohe Pekannüsse
- 1 Esslöffel natives Olivenöl extra
- 3 Esslöffel reiner Ahornsirup
- ½ Teelöffel gemahlener Zimt
- Prise koscheres Salz
- 2 Bund toskanischer Grünkohl, entstielt und zerkleinert
- 3 knusprige Honigäpfel oder Fuyu-Kakis, in dünne Scheiben geschnitten
- Kerne von 1 Granatapfel
- 4 Scheiben dick geschnittener Speck, gehackt
- ½ Tasse zerkrümelter oder gewürfelter Blauschimmelkäse, Ziegenkäse oder Feta

Karamellisierte Schalotten-Apfelwein-Vinaigrette

- ⅓ Tasse natives Olivenöl extra

- 1 kleine Schalotte, in dünne Scheiben geschnitten
- 2 Esslöffel Apfelessig
- 1 Esslöffel Apfelbutter
- 1 Esslöffel frische Thymianblätter
- Zerkleinerte rote Paprikaflocken
- Koscheres Salz und frisch gemahlener Pfeffer

Richtungen

a) Heizen Sie den Ofen auf 350 °F vor. Ein Backblech mit Backpapier auslegen.

b) Machen Sie den Salat. Auf dem vorbereiteten Backblech Pekannüsse, Olivenöl, Ahornsirup, Zimt und Salz vermischen. Ordnen Sie die Pekannüsse in einer einzigen Schicht an. 10 bis 15 Minuten backen, bis die Pekannüsse geröstet sind.

c) In der Zwischenzeit Grünkohl, Äpfel und Granatapfelkerne in einer großen Salatschüssel vermischen.

d) In einer großen Pfanne bei mittlerer Hitze den Speck etwa 5 Minuten lang knusprig braten. Zum Abtropfen auf einen mit Küchenpapier ausgelegten Teller geben. Wischen Sie die Pfanne sauber.

e) Machen Sie die Vinaigrette. In derselben Pfanne bei mittlerer Hitze das Olivenöl erhitzen. Wenn das Öl schimmert, die Schalotten hinzufügen und 2 bis 3 Minuten kochen, bis sie duften. Nehmen Sie die Pfanne vom Herd und lassen Sie die Schalotten etwas abkühlen. Essig, Apfelbutter, Thymian, rote Pfefferflocken, Salz und Pfeffer hinzufügen und etwa 1 Minute lang verrühren und erhitzen.

f) Die Vinaigrette über den Salat gießen und vermengen. Mit Speck, gerösteten Pekannüssen und Käse belegen und vorsichtig vermischen. Sofort servieren.

76. Ingwer-Thai-Steak und Pfeffersalat

PERSONEN: 4

Zutaten

Ingwer-Soja-Vinaigrette

- 2 Esslöffel geröstetes Sesamöl
- 2 Esslöffel natriumarme Sojasauce
- 1 Esslöffel Fischsauce
- 3 Esslöffel Honig
- Saft von 2 Limetten
- 1 roter Fresno- oder Jalapeño-Paprika, entkernt und gehackt (optional)
- 1 (2,5 cm) Stück frischer Ingwer, geschält und gerieben
- Koscheres Salz

Thailändischer Steaksalat

- ½ Pfund Hanger- oder Flanksteak
- Frisch gemahlener Pfeffer
- 1 Esslöffel ungesalzene Butter
- 3 rote Paprika, entkernt und in dünne Scheiben geschnitten
- 6 Tassen gemischtes Gemüse, zum Beispiel geraspelter Kohl und Rucola
- 2 Nektarinen, in dünne Scheiben geschnitten
- 2 persische Gurken, in Scheiben geschnitten
- ¼ Tasse frisches Thai- oder normales Basilikum, grob zerrissen
- 6 frische Minzblätter, grob zerzupft
- 1 Avocado, in Scheiben geschnitten, zum Servieren
- 2 Esslöffel geröstete Erdnüsse, gehackt, zum Servieren

Richtungen

a) Machen Sie die Vinaigrette. Sesamöl, Sojasauce, Fischsauce, Honig, Limettensaft, Fresno-Pfeffer (falls verwendet), Ingwer und eine Prise Salz in einer kleinen Schüssel oder einem Glas vermischen. Zum Mischen verquirlen oder verschließen und schütteln.

b) Machen Sie das Steak. In einer großen Schüssel oder einem Beutel mit Reißverschluss das Steak mit der Hälfte der Vinaigrette vermischen und mit Pfeffer würzen. Massieren Sie das Steak, bis es vollständig bedeckt ist, und lassen Sie es 10 Minuten lang bei Raumtemperatur oder bis über Nacht im Kühlschrank marinieren.

c) Erhitzen Sie eine große Bratpfanne mit dickem Boden bei starker Hitze etwa 2 Minuten lang. Fügen Sie das Steak hinzu und braten Sie es auf einer Seite 4 Minuten lang an, drehen Sie es dann um und garen Sie es auf der anderen Seite, bis es medium-rare ist, weitere etwa 3 Minuten. Die Butter in die Pfanne geben und, sobald sie geschmolzen ist, über das Steak geben und noch 1 Minute kochen lassen. Nehmen Sie das Steak aus der Pfanne und lassen Sie es etwa 10 Minuten lang auf einem Schneidebrett ruhen.

d) Geben Sie die Paprikaschoten in dieselbe Pfanne und kochen Sie sie unter gelegentlichem Rühren 3 bis 4 Minuten lang, bis sie an den Rändern gerade verkohlt sind. Nehmen Sie die Pfanne vom Herd.

e) Machen Sie den Salat. In einer großen Schüssel das Gemüse, die Nektarinen, die Gurken, das Basilikum, die Minze, die gekochten Paprikaschoten und die restliche Vinaigrette vermengen. Das Steak längs zur Faser in dünne Scheiben schneiden und zum Salat geben. Mit Avocado und Erdnüssen belegen und servieren.

77. französische Zwiebelsuppe

Richtungen

a) Butter, Zwiebeln, Schalotten und Honig in den Slow-Cooker-Topf geben und umrühren. Auf niedriger Stufe kochen, bis die Zwiebeln karamellisiert sind, dabei ein- oder zweimal umrühren, 4 bis 6 Stunden lang

b) Thymian, Salbei und Mehl hinzufügen und etwa 2 Minuten kochen, bis es leicht gebräunt ist. Wein, Brühe, Worcestershire-Sauce und Lorbeerblätter einrühren und mit Salz und Pfeffer würzen. Abdecken und weitere 4 bis 5 Stunden auf niedriger Stufe oder weitere 2 bis 3 Stunden auf hoher Stufe garen. Entfernen Sie die Lorbeerblätter und entsorgen Sie sie. Abschmecken und nach Bedarf mehr Salz und Pfeffer hinzufügen.

c) Heizen Sie den Grill vor.

d) Verteilen Sie die Suppe auf sechs ofenfeste Schüsseln. Jeweils eine Scheibe Brot dazugeben und gleichmäßig mit Käse belegen. Stellen Sie die Schüsseln auf ein Backblech und braten Sie sie 3 bis 5 Minuten lang, bis der Käse Blasen bildet und goldbraun ist. Mit Thymianblättern belegen.

PERSONEN: 6

Zutaten

- 6 Esslöffel gesalzene Butter
- 3 mittelgroße gelbe Zwiebeln, in dünne Scheiben geschnitten
- 2 mittelgroße Schalotten, in dünne Scheiben geschnitten
- 1 Teelöffel Honig oder brauner Zucker
- 2 Esslöffel frische Thymianblätter, plus mehr zum Garnieren
- 1 Esslöffel gehackter frischer Salbei
- 2 Esslöffel Allzweckmehl
- 1 Tasse trockener Rotwein, zum Beispiel Cabernet Sauvignon
- 2 Liter natriumarme Rinder- oder Gemüsebrühe
- 1 Esslöffel Worcestershire-Sauce
- 2 Lorbeerblätter
- Koscheres Salz und frisch gemahlener Pfeffer
- 6 Scheiben französisches Brot
- 1 Tasse geriebener Gruyère-Käse

78. Cremige Hühner-Gnocchi-Suppe

PERSONEN: 6

Zutaten

- 2 Hähnchenbrüste ohne Knochen und Haut
- 1 kleine gelbe Zwiebel, gewürfelt
- 6 Karotten, gehackt
- 5 Tassen natriumarme Hühnerbrühe
- 1 Tasse trockener Weißwein, zum Beispiel ein Pinot Grigio oder Sauvignon Blanc
- 2 Esslöffel frische Thymianblätter, plus mehr zum Servieren
- 2 Lorbeerblätter
- 1 Teelöffel Paprika
- ½ Teelöffel zerstoßene rote Paprikaflocken
- 1 Parmesanschale
- Koscheres Salz und frisch gemahlener Pfeffer
- 1 (16-Unzen) Schachtel Mini-Kartoffelgnocchi

- ½ Tasse geriebener Parmesankäse, plus etwas mehr zum Servieren
- ¾ Tasse Vollmilch oder Sahne
- 2 Esslöffel natives Olivenöl extra
- 2 Pfund gemischte Pilze, grob zerrissen
- 4 Knoblauchzehen, zerdrückt
- 4 Esslöffel gesalzene Butter
- Schale von 1 Zitrone

Richtungen

a) Im Slow-Cooker-Topf Hühnchen, Zwiebeln, Karotten, Brühe, Wein, 1 Esslöffel Thymian, Lorbeerblätter, Paprika, rote Paprikaflocken und Parmesanschale vermischen und mit Salz und Pfeffer würzen. Abdecken und bei niedriger Temperatur 5 bis 6 Stunden garen, bis das Huhn auseinanderfällt.

b) Während der letzten 30 Minuten des Garvorgangs Gnocchi, geriebenen Parmesan und Milch unterrühren. Lorbeerblätter und Parmesanschale entfernen und entsorgen.

c) Nehmen Sie das Hähnchen heraus und zerteilen Sie es mit zwei Gabeln. Das Hähnchen wieder in die Suppe rühren.

d) Das Olivenöl in einer großen Pfanne bei starker Hitze erhitzen. Wenn das Öl schimmert, die Pilze dazugeben und mit Salz und Pfeffer würzen. Ungestört 5 Minuten lang goldbraun kochen, dann umrühren und weitere 3 bis 5 Minuten weitergaren, bis die Pilze karamellisiert sind. Reduzieren Sie die Hitze auf mittlere Stufe und fügen Sie den Knoblauch, die Butter, den restlichen 1 Esslöffel

Thymian und die Zitronenschale hinzu. Unter gelegentlichem Rühren 3 bis 5 Minuten kochen, bis der Knoblauch karamellisiert ist und duftet. Den Knoblauch mit einer Gabel zerdrücken und die Pilze, den zerdrückten Knoblauch und die Butter in den Topf geben und verrühren.

e) Die Suppe auf sechs Schüsseln verteilen und mit Thymian und Parmesan belegen.

79. Brokkoli-Cheddar-Suppe mit gewürzten Brezeln

PERSONEN: 6

Zutaten

- ¼ Tasse natives Olivenöl extra
- 1 mittelgroße gelbe Zwiebel, gewürfelt
- ¼ Tasse Allzweckmehl
- 2 Tassen Vollmilch
- 4 Tassen Brokkoliröschen
- 2 Lorbeerblätter
- ¼ Teelöffel frisch geriebene Muskatnuss
- ¼ Teelöffel gemahlener Cayennepfeffer
- Koscheres Salz und frisch gemahlener Pfeffer
- 3 bis 4 Tassen geriebener scharfer Cheddar-Käse und mehr zum Servieren
- 2 Esslöffel frische Thymianblätter, plus mehr zum Servieren
- gewürzte Salzbrezeln

Richtungen

a) In einem großen Topf das Olivenöl bei mittlerer Hitze erhitzen. Wenn das Öl schimmert, fügen Sie die Zwiebel hinzu und kochen Sie sie unter Rühren etwa 5 Minuten lang, bis es duftet. Das Mehl einrühren und ca. 2 Minuten goldbraun kochen lassen, dann nach und nach 2 Tassen Wasser und dann die Milch unterrühren. Brokkoli, Lorbeerblätter, Muskatnuss, Cayennepfeffer, Salz und Pfeffer unterrühren. Etwa 15 Minuten köcheln lassen, bis der Brokkoli weich ist. Den Topf vom Herd nehmen und die Mischung etwas abkühlen lassen.

b) Entfernen Sie die Lorbeerblätter und entsorgen Sie sie. Geben Sie die Suppe in einen Mixer oder verwenden Sie einen Stabmixer und zerkleinern Sie sie etwa 1 Minute lang, bis alles gut vermischt, aber noch stückig ist.

c) Stellen Sie die Suppe bei schwacher Hitze wieder auf den Herd. Käse und Thymian einrühren und 5 bis 10 Minuten kochen lassen, bis der Käse geschmolzen ist und die Suppe cremig ist.

d) Die Suppe auf sechs Schüsseln verteilen. Jeweils mit mehr Cheddar, frischem Thymian und gewürzten Brezeln belegen.

80. Goldene Butternusskürbissuppe mit knusprigem Salbei

PERSONEN: 6

Zutaten

- 5 Tassen gewürfelter, geschälter Butternusskürbis
- 1 Schalotte, gehackt
- 2 Esslöffel natives Olivenöl extra
- 2 Esslöffel reiner Ahornsirup
- 1 Esslöffel gehackter frischer Salbei, plus 6 ganze frische Salbeiblätter zum Servieren
- $\frac{1}{2}$ Teelöffel gemahlener Cayennepfeffer
- $\frac{1}{2}$ Teelöffel gemahlener Zimt
- Koscheres Salz und frisch gemahlener Pfeffer
- 1 (14 Unzen) Dose vollfette ungesüßte Kokosmilch, plus mehr zum Servieren (optional)
- 4 Esslöffel gesalzene Butter
- 1 Tasse rohe Kürbiskerne (Pepitas) zum Servieren
- Flockenförmiges Meersalz

Richtungen

a) Heizen Sie den Ofen auf 400 °F vor.

b) In einem großen Schmortopf oder ofenfesten Suppentopf Butternusskürbis, Schalotte, Olivenöl, Ahornsirup, gehackten Salbei, Cayennepfeffer, Zimt und jeweils eine Prise Salz und Pfeffer vermischen. 20 bis 25 Minuten rösten, bis der Kürbis weich ist. Etwas abkühlen lassen.

c) Geben Sie das geröstete Gemüse in einen Hochleistungsmixer oder eine Küchenmaschine und fügen Sie 3 Tassen Wasser hinzu. 1 bis 2 Minuten lang pürieren, bis alles glatt ist. Geben Sie die Mischung wieder in den Schmortopf und rühren Sie die Kokosmilch und 2 Esslöffel Butter ein. Die Suppe bei mittlerer Hitze köcheln lassen und ca. 5 Minuten kochen lassen, bis sie durchgewärmt ist. Verdünnen Sie die Suppe nach Bedarf mit mehr Wasser.

d) Die restlichen 2 Esslöffel Butter in einer kleinen Pfanne bei mittlerer bis hoher Hitze schmelzen. Fügen Sie die ganzen Salbeiblätter hinzu und kochen Sie sie etwa 1 Minute pro Seite, bis sie knusprig sind. Geben Sie den Salbei zum Abtropfen auf ein Papiertuch und geben Sie die Kürbiskerne in dieselbe Pfanne. Etwa 3 Minuten kochen, bis es geröstet ist. Nehmen Sie die Pfanne vom Herd und bestreuen Sie die Kürbiskerne und den Salbei mit Salzflocken.

e) Die Suppe auf sechs Schüsseln verteilen und bei Bedarf mit etwas zusätzlicher Kokosmilch beträufeln. Mit Kürbiskernen und knackigen Salbeiblättern belegen und servieren.

81. Salsa Verde und Hühner-Tortilla-Suppe

PERSONEN: 6

Zutaten

- 1 mittelgroße gelbe Zwiebel, gewürfelt
- 2 Knoblauchzehen, gehackt oder gerieben
- 1 Pfund Hähnchenbrust ohne Knochen und Haut
- 1 Teelöffel koscheres Salz
- Frisch gemahlener Pfeffer
- 3 Tassen rote Enchiladasauce
- 3 Tassen Salsa Verde
- $\frac{3}{4}$ Tasse ungekochter brauner Reis
- Saft von 1 Limette
- $\frac{1}{2}$ Tasse frischer Koriander, gehackt, plus mehr zum Servieren
- Zum Servieren (optional)
- 2 Tassen leicht zerkleinerte Tortillachips
- 1 Mango, geschält und gewürfelt
- 1 Avocado, in Scheiben geschnitten

- 1 Tasse geriebener Cheddar-Käse
- ½ Tasse vollfetter griechischer Naturjoghurt

Richtungen

a) In den Slow-Cooker-Topf Zwiebel, Knoblauch, Hühnchen, Salz und eine Prise Pfeffer schichten. Enchiladasauce, Salsa Verde und 3 Tassen Wasser darübergießen. Den braunen Reis unterrühren. Abdecken und kochen, bis das Huhn auseinanderfällt, 6 bis 7 Stunden auf niedriger Stufe oder 4 bis 6 Stunden auf hoher Stufe.

b) Übertragen Sie das Huhn auf einen Teller. Etwas abkühlen lassen und mit zwei Gabeln zerkleinern.

c) Geben Sie das Huhn wieder in den Slow Cooker und rühren Sie Limettensaft und Koriander unter. Abschmecken und nach Bedarf mit Salz würzen.

d) Die Suppe auf sechs Schüsseln verteilen. Jeweils mit Tortillachips, Mango, Avocado, Käse, Joghurt und Koriander belegen, falls gewünscht.

82. In Butter geröstete Tomatensuppe

PERSONEN: 4

Zutaten

Tomaten-Basilikum-Suppe

- 1 (28 Unzen) Dose ganze geschälte Tomaten, wie z. B. San Marzano- oder Pomi-Tomaten
- 1 mittelgroße gelbe Zwiebel, geviertelt
- 3 Esslöffel gesalzene Butter
- 2 Esslöffel frische Thymianblätter
- Koscheres Salz und frisch gemahlener Pfeffer
- 1 Tasse Vollmilch, plus mehr nach Bedarf
- 3 bis 6 Esslöffel Zitronen-Basilikum-Pesto

Gegrillter Käse

- 2 Esslöffel gesalzene Butter, zimmerwarm
- 4 Scheiben Sauerteigbrot
- 4 Unzen Brie-Käse, in Scheiben geschnitten
- Schatz, zum Beträufeln
- 1 Esslöffel gehackte frische Basilikum- oder Thymianblätter und mehr zum Servieren

Richtungen

a) Heizen Sie den Ofen auf 425 °F vor.

b) Machen Sie die Suppe. In einem großen Schmortopf oder ofenfesten Suppentopf Tomaten, Zwiebeln, Butter, Thymian und jeweils eine Prise Salz und Pfeffer vermengen. Etwa 20 Minuten rösten, bis die Zwiebel weich ist und duftet. Etwas abkühlen lassen.

c) Geben Sie die gerösteten Tomaten und Zwiebeln mit einem Schaumlöffel in einen Mixer oder eine Küchenmaschine und fügen Sie die Milch hinzu. 1 bis 2 Minuten lang mixen, bis alles glatt ist. Geben Sie die Mischung wieder in den Schmortopf und kochen Sie sie bei mittlerer Hitze 2 bis 3 Minuten lang, bis sie warm ist. 3 Esslöffel Pesto unterrühren. Bei Bedarf mit mehr Milch verdünnen. Abschmecken und nach Bedarf mehr Pesto, Salz und Pfeffer hinzufügen.

d) In der Zwischenzeit den gegrillten Käse zubereiten. Eine Seite jeder Brotscheibe mit 1 Esslöffel Butter bestreichen. Auf die nicht gebutterte Seite von 2 Scheiben Brie, Honig und Basilikum geben. Schließen Sie die Hälften, um Sandwiches zu machen.

e) Den restlichen 1 Esslöffel Butter in einer großen Pfanne bei mittlerer bis hoher Hitze schmelzen. Fügen Sie die Sandwiches nacheinander hinzu und backen Sie sie 2 bis 3

Minuten pro Seite, bis das Brot goldbraun ist und der Käse geschmolzen ist.

f) Die Suppe auf vier Schüsseln verteilen. Jeden gegrillten Käse halbieren und als Beilage servieren.

83. Knusprige Hühner-Khao-Soi-Nudelsuppe

PERSONEN: 4

Zutaten

- 2 Hähnchenbrüste ohne Knochen und mit Haut (ca. 1 Pfund)
- Koscheres Salz und frisch gemahlener Pfeffer
- 2 Esslöffel natives Olivenöl extra
- ¼ Tasse thailändische rote Currypaste
- 2 große Karotten, in Scheiben geschnitten
- 2 (14-Unzen) Dosen vollfette, ungesüßte Kokosmilch
- 3 Tassen natriumarme Hühnerbrühe
- 3 Esslöffel Fischsauce
- 1 Esslöffel Honig
- 2 Tassen Babyspinat oder gehackter Baby-Pak Choi
- 8 Unzen Eiernudeln
- Koriander, geschnittene Chilis und Limetten zum Garnieren

Richtungen

a) Das Hähnchen rundherum mit Salz und Pfeffer würzen.

b) Das Olivenöl in einem großen Suppentopf bei starker Hitze erhitzen. Wenn das Öl schimmert, das Hähnchen mit der Hautseite nach unten dazugeben und ca. 5 Minuten anbraten, bis es goldbraun und knusprig ist. Das Hähnchen wenden, die Currypaste und die Karotten hinzufügen und 1 bis 2 Minuten kochen, bis es duftet. Kokosmilch, Hühnerbrühe, Fischsauce und Honig einrühren. Abdecken und zum Kochen bringen. Reduzieren Sie die Hitze auf mittlere bis niedrige Stufe, decken Sie das Ganze ab und kochen Sie es etwa 15 Minuten lang, bis das Hähnchen gar ist. Das Hähnchen mit zwei Gabeln direkt im Topf zerkleinern. Das Grün umrühren.

c) In der Zwischenzeit einen großen Topf mit Salzwasser bei starker Hitze zum Kochen bringen. Die Nudeln nach Packungsanweisung al dente kochen. Abfluss.

d) Verteilen Sie die Suppe auf vier Schüsseln und belegen Sie jede Schüssel mit Nudeln, Koriander, Chilis und Limetten.

PIZZA

84. Die gemeinste und grünste Pizza

PERSONEN: 4

Zutaten

- 2 Esslöffel natives Olivenöl extra, plus etwas mehr zum Einfetten
- ½ Pfund ungekneteter Brot- und Pizzateig
- ⅓ Tasse Zitronen-Basilikum-Pesto
- ⅓ Tasse sonnengetrocknete Tomaten, in Olivenöl eingelegt, abgetropft
- 2 Unzen zerbröckelter Ziegenkäse
- 2 Tassen entstielter und zerkleinerter toskanischer Grünkohl
- 8 Unzen frischer Mozzarella, zerrissen
- 1 Esslöffel Champagner oder Apfelessig
- Schale und Saft von 1 Zitrone
- 1 Teelöffel Honig
- Koscheres Salz und frisch gemahlener Pfeffer
- Zerkleinerte rote Paprikaflocken

- 4 Tassen Baby-Rucola
- 2 Esslöffel geröstete Sesamkörner

Richtungen

a) Heizen Sie den Ofen auf 450 °F vor. Ein Backblech einfetten.

b) Machen Sie die Pizza. Rollen Sie den Teig auf einer leicht bemehlten Arbeitsfläche ¼ Zoll dick aus. Übertragen Sie den Teig vorsichtig auf das vorbereitete Backblech. Verteilen Sie das Pesto auf dem Teig, lassen Sie dabei einen Rand von 2,5 cm frei, und schichten Sie dann die sonnengetrockneten Tomaten, den Ziegenkäse, den Grünkohl und den Mozzarella darüber. 10 bis 15 Minuten backen, bis die Kruste goldbraun ist und der Käse geschmolzen ist.

c) Machen Sie den Salat. In der Zwischenzeit in einer mittelgroßen Schüssel 2 Esslöffel Olivenöl, Essig, Zitronenschale, Zitronensaft, Honig und jeweils eine Prise Salz, Pfeffer und rote Pfefferflocken verrühren. Den Rucola und die Sesamkörner dazugeben und vermengen.

d) Wenn die Pizza aus dem Ofen kommt, den Salat darauf verteilen. In Scheiben schneiden und servieren.

85. Süße und würzige Ananaspizza

PERSONEN: 4

Zutaten

- Natives Olivenöl extra zum Einfetten
- $\frac{1}{2}$ Pfund ungekneteter Brot- und Pizzateig
- $\frac{1}{2}$ Tasse Chipotle-Salsa
- $\frac{1}{4}$ Tasse frischer Koriander oder Basilikum, gehackt
- 1 Tasse geriebener Fontina-Käse
- 1 Tasse frische Ananasstücke
- $\frac{1}{2}$ Tasse geriebener Pecorino-Käse
- 2 Frühlingszwiebeln, gehackt
- 1 Tasse Baby-Rucola

Richtungen

a) Heizen Sie den Ofen auf 450 °F vor. Ein Backblech einfetten.

b) Rollen Sie den Teig auf einer leicht bemehlten Arbeitsfläche $\frac{1}{4}$ Zoll dick aus. Übertragen Sie den Teig vorsichtig auf das vorbereitete Backblech. Verteilen Sie die Chipotle-Salsa auf dem Teig und lassen Sie dabei einen 2,5 cm breiten Rand frei. Den Koriander und dann die Fontina darüberstreuen. Die Ananas darauf schichten und mit dem Pecorino abschließen.

c) Backen Sie die Pizza 10 bis 15 Minuten lang, bis die Kruste goldbraun ist und der Käse geschmolzen ist.

d) Mit Frühlingszwiebeln und Rucola belegen. In Scheiben schneiden und servieren.

86.   Pizza mit Peperoni und Basilikum aus dem Garten

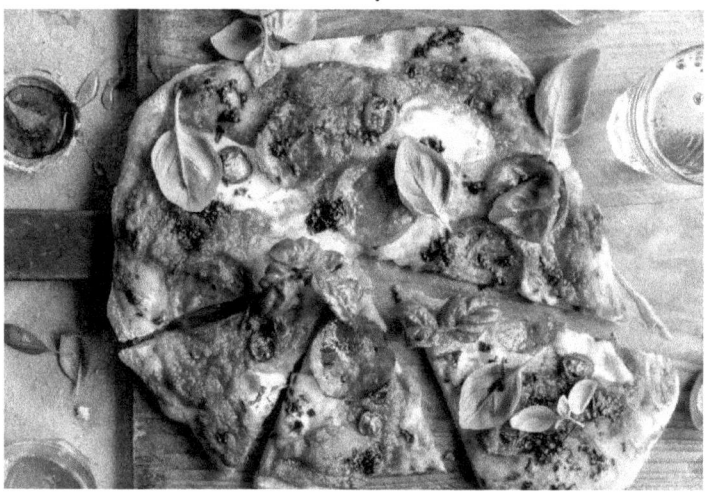

PERSONEN: 4

Zutaten

- 1 Esslöffel natives Olivenöl extra, plus etwas mehr zum Einfetten
- $\frac{1}{2}$ Pfund ungekneteter Brot- und Pizzateig
- $\frac{3}{4}$ Tasse zerdrückte Tomaten aus der Dose, wie z. B. San Marzano- oder Pomi-Tomaten
- 1 Tasse geriebener Mozzarella-Käse
- 1 Tasse geriebener Provolone-Käse
- 8 Stück große, dünn geschnittene Peperoni
- 2 Tassen rote und/oder gelbe Kirschtomaten
- 1 Knoblauchzehe, gehackt oder gerieben
- Koscheres Salz und frisch gemahlener Pfeffer
- Zerkleinerte rote Paprikaflocken
- Frischer Basilikum zum Garnieren

Richtungen

a) Heizen Sie den Ofen auf 450 °F vor. Ein Backblech einfetten.

b) Rollen Sie den Teig auf einer leicht bemehlten Arbeitsfläche $\frac{1}{4}$ Zoll dick aus. Übertragen Sie den Teig vorsichtig auf das vorbereitete Backblech. Verteilen Sie die zerdrückten Tomaten gleichmäßig auf dem Teig, lassen Sie dabei einen 2,5 cm breiten Rand frei, und schichten Sie dann Mozzarella und Provolone darüber. Die Peperoni darüber streuen.

c) In einer mittelgroßen Schüssel 1 Esslöffel Olivenöl, Kirschtomaten, Knoblauch und jeweils eine Prise Salz, Pfeffer und rote Pfefferflocken vermischen. Die Tomaten gleichmäßig auf der Pizza verteilen. 10 bis 15 Minuten backen, bis die Kruste goldbraun ist und der Käse geschmolzen ist.

d) Mit frischen Basilikumblättern belegen. In Scheiben schneiden und servieren.

87. Butternusskürbis und Apfelpizza ernten

PERSONEN: 4

Zutaten

- 1 Esslöffel natives Olivenöl extra, plus etwas mehr zum Einfetten
- 2 Schalotten, in dünne Scheiben geschnitten
- ½ Pfund ungekneteter Brot- und Pizzateig
- 2 Esslöffel Apfelbutter
- 1 Honeycrisp-Apfel, in dünne Scheiben geschnitten
- 1 Tasse geriebener Mozzarella-Käse
- ½ Tasse geriebener scharfer Cheddar-Käse
- ½ kleiner Butternusskürbis, mit einem Gemüseschäler in Streifen geschnitten
- 8 frische Salbeiblätter
- 3 Unzen dünn geschnittener Schinken, zerrissen
- Koscheres Salz und frisch gemahlener Pfeffer
- Zerkleinerte rote Paprikaflocken
- 2 Unzen Blauschimmelkäse, zerbröselt (optional)

- Schatz, zum Beträufeln
- Frische Thymianblätter zum Servieren

Richtungen

a) Heizen Sie den Ofen auf 450 °F vor. Ein Backblech einfetten.

b) Erhitzen Sie 1 Esslöffel Olivenöl in einer mittelgroßen Pfanne bei starker Hitze. Wenn das Öl schimmert, die Schalotten hinzufügen und 2 bis 3 Minuten kochen, bis sie duften. Nehmen Sie die Pfanne vom Herd.

c) Rollen Sie den Teig auf einer leicht bemehlten Arbeitsfläche $\frac{1}{4}$ Zoll dick aus. Übertragen Sie den Teig vorsichtig auf das vorbereitete Backblech. Verteilen Sie die Apfelbutter auf dem Teig und lassen Sie dabei einen 2,5 cm breiten Rand frei. Die sautierten Schalotten und die Apfelscheiben hinzufügen. Mozzarella und Cheddar darüber schichten und dann mit Butternusskürbis, Salbei und Prosciutto belegen. Würzen Sie die Pizza mit je einer Prise Salz, Pfeffer und roten Paprikaflocken und streuen Sie den Blauschimmelkäse (falls verwendet) darüber.

d) 10 bis 15 Minuten backen, bis die Kruste goldbraun ist und der Käse geschmolzen ist. Mit Honig beträufeln und zum Schluss mit Thymian bestreuen. In Scheiben schneiden und servieren.

88. Kartoffel-Burrata-Pizza

PERSONEN: 4

Zutaten

- Natives Olivenöl extra
- ½ Pfund ungekneteter Brot- und Pizzateig
- ⅓ Tasse Zitronen-Basilikum-Pesto
- ⅓ Tasse geriebener weißer Cheddar-Käse
- 1 mittelgroße Kartoffel, sehr dünn geschnitten
- 2 Esslöffel Everything Bagel Spice
- 8 Unzen Burrata-Käse, zerrissen
- Frische Basilikumblätter zum Garnieren
- Frische Thymianblätter zum Garnieren

Richtungen

a) Heizen Sie den Ofen auf 450 °F vor. Ein Backblech einfetten.

b) Rollen Sie den Teig auf einer leicht bemehlten Arbeitsfläche ¼ Zoll dick aus. Übertragen Sie den Teig vorsichtig auf das vorbereitete Backblech. Verteilen Sie das Pesto gleichmäßig auf dem Teig und lassen Sie dabei einen 2,5 cm breiten Rand frei. Den Cheddar-Käse und dann die Kartoffelscheiben darüber schichten. Die Pizza mit Olivenöl beträufeln und alles mit Bagelgewürz bestreuen. 10 bis 15 Minuten backen, bis die Kruste goldbraun und die Kartoffeln knusprig sind.

c) Belegen Sie die Pizza mit Burrata und lassen Sie sie etwa 5 Minuten lang durchwärmen. Mit frischem Basilikum und Thymian belegen und mit Olivenöl beträufeln. In Scheiben schneiden und servieren.

89. Weiße Pizza mit drei Käsesorten und Nektarinen

PERSONEN: 4

Zutaten

- 2 Esslöffel natives Olivenöl extra, plus etwas mehr zum Einfetten und Beträufeln
- ½ Pfund ungekneteter Brot- und Pizzateig
- 1 Esslöffel gehackter frischer Schnittlauch
- ¼ Tasse leicht verpackte frische Basilikumblätter, gehackt, plus mehr zum Garnieren
- 1 Knoblauchzehe, gerieben
- ½ bis 1 Teelöffel zerstoßene rote Paprikaflocken
- 3 Unzen zerbröselter Blauschimmelkäse
- 1 Tasse geriebener Mozzarella oder Fontina-Käse
- ½ Tasse geriebener Parmesankäse
- 1 Nektarine oder Pfirsich, in dünne Scheiben geschnitten
- Koscheres Salz und frisch gemahlener Pfeffer
- 6 Brombeeren (optional)
- Balsamico-Essig zum Beträufeln

- Schatz, zum Beträufeln

Richtungen

a) Heizen Sie den Ofen auf 450 °F vor. Ein Backblech einfetten.

b) Rollen Sie den Teig auf einer leicht bemehlten Arbeitsfläche $\frac{1}{4}$ Zoll dick aus. Übertragen Sie den Teig vorsichtig auf das vorbereitete Backblech.

c) Verteilen Sie die 2 Esslöffel Olivenöl auf dem Teig, lassen Sie dabei einen Rand von 2,5 cm frei und streuen Sie dann den gehackten Schnittlauch, das Basilikum, den Knoblauch und die Paprikaflocken darüber. Blauschimmelkäse, Mozzarella und Parmesan hinzufügen.

d) Die Nektarinen darüber schichten und leicht mit Olivenöl beträufeln. Mit Salz und Pfeffer würzen. 10 bis 15 Minuten backen, bis die Kruste goldbraun ist und der Käse geschmolzen ist.

e) Nach Belieben mit Basilikumsplittern und Brombeeren belegen und mit Essig und Honig beträufeln. In Scheiben schneiden und servieren.

PASTA

90. Mit Spinat und drei Käsesorten gefüllte Muscheln

FÜR 6 BIS 8 PERSONEN

Zutaten

- 2 Esslöffel natives Olivenöl extra
- 1 Pfund gemahlene würzige italienische Wurst
- 2 (28-Unzen) Dosen zerkleinerte Tomaten, z. B. San Marzano- oder Pomi-Tomaten
- 1 rote Paprika, entkernt und in Scheiben geschnitten
- 2 Teelöffel getrockneter Oregano
- ½ Teelöffel zerstoßene rote Paprikaflocken, plus mehr nach Bedarf
- Koscheres Salz und frisch gemahlener Pfeffer
- 1 Beutel (8 Unzen) gefrorener gehackter Spinat, aufgetaut und trocken ausgedrückt
- 1 (1 Pfund) Schachtel Jumbo-Nudelschalen
- 16 Unzen Vollmilch-Ricotta-Käse
- 2 Tassen geriebener Gouda-Käse
- 1 Tasse frische Basilikumblätter, gehackt, plus mehr zum Servieren

- 8 Unzen frischer Mozzarella-Käse, zerrissen

Richtungen

a) Heizen Sie den Ofen auf 350 °F vor.

b) Erhitzen Sie das Olivenöl in einer großen ofenfesten Pfanne bei mittlerer bis hoher Hitze. Wenn das Öl schimmert, fügen Sie die Wurst hinzu und kochen Sie sie 5 bis 8 Minuten lang, indem Sie sie mit einem Holzlöffel zerkleinern, bis sie braun ist. Reduzieren Sie die Hitze auf eine niedrige Stufe und fügen Sie die zerdrückten Tomaten, Paprika, Oregano, rote Paprikaflocken und je eine Prise Salz und Pfeffer hinzu. 10 bis 15 Minuten köcheln lassen, bis die Soße leicht eindickt. Den Spinat unterrühren. Abschmecken und mehr Salz, Pfeffer und rote Pfefferflocken hinzufügen.

c) In der Zwischenzeit einen großen Topf mit Salzwasser bei starker Hitze zum Kochen bringen. Die Schalen dazugeben und nach Packungsanweisung al dente kochen. Gut abtropfen lassen.

d) In einer mittelgroßen Schüssel Ricotta, Gouda und Basilikum vermengen. Füllen Sie die Mischung in einen gallonengroßen Beutel mit Reißverschluss. Schieben Sie die Mischung in eine Ecke des Beutels, drücken Sie die Luft aus der Oberseite des Beutels und schneiden Sie etwa ½ Zoll von dieser Ecke ab.

e) Geben Sie nacheinander jeweils etwa einen Esslöffel der Käsemischung in jede Schale und geben Sie sie dann in die Pfanne. Die Schalen gleichmäßig mit Mozzarella bestreuen.

f) Die Pfanne in den Ofen stellen und 25 bis 30 Minuten backen, bis der Käse geschmolzen ist und oben leicht gebräunt ist.

91. Eintopf-Mais-Bucatini mit Rahm

PERSONEN: 6

Zutaten

- 4 Esslöffel gesalzene Butter
- 4 Ähren gelber Mais, Körner vom Kolben geschnitten
- 2 Knoblauchzehen, gehackt oder gerieben
- 2 Esslöffel frische Thymianblätter
- 1 Jalapeño- oder roter Fresno-Pfeffer, entkernt und in dünne Scheiben geschnitten
- 2 Frühlingszwiebeln, gehackt
- Koscheres Salz und frisch gemahlener Pfeffer
- 1 (1-Pfund-Box) Bucatini
- ½ Tasse geriebener Parmesankäse
- 2 Esslöffel Crème fraîche
- ¼ Tasse frische Basilikumblätter, grob zerzupft

Richtungen

a) Die Butter in einem großen Schmortopf bei mittlerer Hitze schmelzen. Mais, Knoblauch, Thymian, Jalapeño, Frühlingszwiebeln und jeweils eine Prise Salz und Pfeffer hinzufügen. Unter gelegentlichem Rühren ca. 5 Minuten kochen, bis der Mais goldbraun ist und an den Rändern karamellisiert.

b) $4\frac{1}{2}$ Tassen Wasser hinzufügen, die Hitze erhöhen und zum Kochen bringen. Die Nudeln dazugeben und mit Salz würzen. Unter häufigem Rühren ca. 10 Minuten kochen, bis der größte Teil der Flüssigkeit aufgesogen ist und die Nudeln al dente sind.

c) Den Topf vom Herd nehmen und Parmesan, Crème fraîche und Basilikum unterrühren. Wenn sich die Soße zu dick anfühlt, einen Spritzer Wasser hinzufügen, um sie zu verdünnen. Sofort servieren.

92. Makkaroni-Käse-Auflauf mit Spinat und Artischocken

FÜR 6 BIS 8 PERSONEN

Zutaten

- 6 Esslöffel gesalzene Butter, zimmerwarm, plus etwas mehr zum Einfetten
- 1 (1 Pfund) Packung Kurznudeln, zum Beispiel Makkaroni
- 2 Tassen Vollmilch
- 1 (8 Unzen) Packung Frischkäse, gewürfelt
- 3 Tassen geriebener scharfer Cheddar-Käse
- Koscheres Salz und frisch gemahlener Pfeffer
- Gemahlener Cayennepfeffer
- 2 Tassen verpackter frischer Babyspinat, gehackt
- 1 (8 Unzen) Glas marinierte Artischocken, abgetropft und grob gehackt
- 1½ Tassen zerkleinerte Ritz-Cracker (ca. 1 Hülse)
- ¾ Teelöffel Knoblauchpulver

Richtungen

a) Heizen Sie den Ofen auf 375 °F vor. Eine 9 x 13 Zoll große Auflaufform einfetten.

b) In einem großen Topf 4 Tassen Salzwasser bei starker Hitze zum Kochen bringen. Die Nudeln dazugeben und unter gelegentlichem Rühren 8 Minuten kochen lassen. Milch und Frischkäse einrühren und ca. 5 Minuten kochen lassen, bis der Frischkäse geschmolzen ist und die Nudeln al dente sind.

c) Nehmen Sie die Pfanne vom Herd und rühren Sie 2 Tassen Cheddar und 3 Esslöffel Butter hinein. Mit Salz, Pfeffer und Cayennepfeffer würzen. Spinat und Artischocken unterrühren. Wenn sich die Soße zu dick anfühlt, fügen Sie $\frac{1}{4}$ Tasse Milch oder Wasser hinzu, um sie zu verdünnen.

d) Übertragen Sie die Mischung in die vorbereitete Auflaufform. Mit der restlichen 1 Tasse Cheddar belegen.

e) In einer mittelgroßen Schüssel die Cracker, die restlichen 3 Esslöffel Butter und das Knoblauchpulver verrühren. Streuen Sie die Krümel gleichmäßig über die Makkaroni und den Käse.

f) Etwa 20 Minuten backen, bis die Soße Blasen bildet und die Krümel goldbraun sind. 5 Minuten abkühlen lassen und servieren. Bewahren Sie Reste gekühlt in einem luftdichten Behälter bis zu 3 Tage auf.

93. Penne Alla Wodka

PERSONEN: 8

Zutaten

- 4 Esslöffel gesalzene Butter
- 2 Knoblauchzehen, gehackt oder gerieben
- ½ Teelöffel zerstoßene rote Paprikaflocken
- ½ Tasse Wodka
- 1 (28-Unzen) Dose zerdrückte Tomaten, wie z. B. San Marzano- oder Pomi-Tomaten
- ½ Tasse sonnengetrocknete Tomaten, in Olivenöl eingelegt, abgetropft und gehackt
- Koscheres Salz und frisch gemahlener Pfeffer
- ¾ Tasse Sahne
- 1 (1 Pfund) Box Penne
- 1 Tasse geriebener Parmesankäse und etwas mehr zum Servieren
- Frischer Basilikum zum Servieren

Richtungen

a) In einem großen Topf Butter, Knoblauch und rote Paprikaflocken bei mittlerer bis niedriger Hitze vermengen. Unter häufigem Rühren ca. 5 Minuten kochen, bis die Butter geschmolzen ist und der Knoblauch duftet. Den Wodka dazugeben und zum Kochen bringen. Kochen, bis die Menge um ein Drittel reduziert ist, weitere 2 bis 3 Minuten. Fügen Sie die zerdrückten Tomaten, die sonnengetrockneten Tomaten und je eine große Prise Salz und Pfeffer hinzu. Die Sauce bei mittlerer Hitze 10 bis 15 Minuten köcheln lassen, bis sie leicht eingekocht ist. Geben Sie die Sauce in einen Mixer oder pürieren Sie die Sauce mit einem Stabmixer 1 Minute lang, bis eine glatte Masse entsteht. Die Sahne einrühren, bis alles gut vermischt ist.

b) In der Zwischenzeit einen großen Topf mit Salzwasser bei starker Hitze zum Kochen bringen. Die Penne dazugeben und nach Packungsanweisung al dente kochen. Abgießen, Nudeln und Parmesan zur Soße geben und vermengen.

c) Zum traditionellen Servieren teilen Sie die Nudeln auf acht Teller oder Schüsseln auf. Mit Basilikum und Parmesan garnieren.

94. Zitronen-Basilikum-Nudeln mit Rosenkohl

PERSONEN: 8

Zutaten

- 1 (1 Pfund) Schachtel lang geschnittene Nudeln, wie Bucatini oder Fettuccine
- 4 Unzen dünn geschnittener Schinken, zerrissen
- 3 Esslöffel natives Olivenöl extra
- 1 Pfund Rosenkohl, halbiert oder geviertelt, falls groß
- Koscheres Salz und frisch gemahlener Pfeffer
- 2 Esslöffel Balsamico-Essig
- 1 Jalapeño-Pfeffer, entkernt und gehackt
- 1 Esslöffel frische Thymianblätter
- 1 Tasse Zitronen-Basilikum-Pesto
- 4 Unzen Ziegenkäse, zerbröselt
- ⅓ Tasse geriebener Manchego-Käse
- Schale und Saft von 1 Zitrone

Richtungen

a) Heizen Sie den Ofen auf 375 °F vor.

b) Einen großen Topf mit Salzwasser bei starker Hitze zum Kochen bringen. Die Nudeln dazugeben und nach Packungsanweisung al dente kochen. 1 Tasse Nudelkochwasser auffangen und abgießen.

c) In der Zwischenzeit den Prosciutto gleichmäßig auf einem mit Backpapier ausgelegten Backblech verteilen. 8 bis 10 Minuten knusprig backen.

d) Während die Nudeln kochen und der Prosciutto backt, erhitzen Sie das Olivenöl in einer großen Pfanne bei mittlerer Hitze. Wenn das Öl schimmert, den Rosenkohl hinzufügen und unter gelegentlichem Rühren 8 bis 10 Minuten goldbraun braten. Mit Salz und Pfeffer würzen. Reduzieren Sie die Hitze auf mittlere bis niedrige Stufe, fügen Sie Essig, Jalapeño und Thymian hinzu und kochen Sie noch 1 bis 2 Minuten lang, bis die Sprossen glasiert sind.

e) Nehmen Sie die Pfanne vom Herd und geben Sie die abgetropften Nudeln, das Pesto, den Ziegenkäse, Manchego, Zitronenschale und Zitronensaft hinzu. Etwa $\frac{1}{4}$ Tasse Nudelkochwasser hinzufügen und umrühren, bis eine Soße entsteht.

f) Fügen Sie jeweils 1 Esslöffel mehr hinzu, bis die gewünschte Konsistenz erreicht ist. Abschmecken und nach Bedarf mehr Salz und Pfeffer hinzufügen.

g) Verteilen Sie die Nudeln gleichmäßig auf acht Schüsseln oder Teller und belegen Sie jede mit knusprigem Prosciutto.

95. Erwachsene Tomaten-Parmesan-Nudeln

PERSONEN: 2

Zutaten

- 3 Esslöffel natives Olivenöl extra
- 1 Knoblauchzehe, zerdrückt
- 2 Teelöffel gehackter frischer Rosmarin
- Zerkleinerte rote Paprikaflocken
- 3 Esslöffel Tomatenmark
- ¾ Tasse Anelli, Ditalini oder andere kurze, röhrenförmige Nudeln
- Koscheres Salz und frisch gemahlener Pfeffer
- ⅓ Tasse gehobelter Parmesankäse
- Frische Basilikumblätter zum Garnieren

Richtungen

a) In einem mittelgroßen Topf Olivenöl und Knoblauch bei mittlerer bis niedriger Hitze vermischen. Unter gelegentlichem Rühren ca. 2 Minuten kochen, bis der Knoblauch duftet. Den Rosmarin und eine Prise rote Paprikaflocken hinzufügen und etwa 1 Minute weiter braten, bis es geröstet ist und duftet.

b) Den Topf vom Herd nehmen. Das Tomatenmark einrühren und dann $2\frac{1}{2}$ Tassen Wasser hinzufügen. Stellen Sie die Pfanne wieder auf hohe Hitze und bringen Sie sie zum Kochen. Die Nudeln dazugeben und großzügig mit Salz würzen. Unter häufigem Rühren ca. 12 Minuten kochen, bis die Nudeln al dente sind.

c) Die Pfanne wieder vom Herd nehmen und den Parmesan unterrühren. Abschmecken und nach Bedarf mehr Salz und Pfeffer hinzufügen.

d) Die Nudeln auf zwei Schüsseln verteilen und mit frischem Basilikum belegen. Sofort servieren. Bewahren Sie Reste gekühlt in einem luftdichten Behälter bis zu 3 Tage auf.

96. Kürbis-Salbei-Lasagne mit Fontina

FÜR 8 BIS 10 PERSONEN

Zutaten

- 2 Teelöffel natives Olivenöl extra, plus etwas mehr zum Einfetten

- 1 (14 Unzen) Dose Kürbispüree

- 2 Tassen Vollmilch

- 2 Teelöffel getrockneter Oregano

- 2 Teelöffel getrocknetes Basilikum

- ¼ Teelöffel frisch geriebene Muskatnuss

- ¼ Teelöffel zerstoßene rote Paprikaflocken

- Koscheres Salz und frisch gemahlener Pfeffer

- 16 Unzen Vollmilch-Ricotta-Käse

- 2 Knoblauchzehen, gerieben

- 1 Esslöffel gehackte frische Salbeiblätter, plus 8 ganze Blätter

- 2 Esslöffel gehackte frische Petersilie

- 1 (12 Unzen) Schachtel Lasagne-Nudeln ohne Kochen

- 1 (12-Unzen) Glas geröstete rote Paprika, abgetropft und gehackt
- 3 Tassen geriebener Fontina-Käse
- 1 Tasse geriebener Parmesankäse
- 12 bis 16 Stück dünn geschnittene Peperoni (optional)

Richtungen

a) Heizen Sie den Ofen auf 375 °F vor. Eine 9 x 13 Zoll große Auflaufform einfetten.

b) In einer mittelgroßen Schüssel Kürbis, Milch, Oregano, Basilikum, Muskatnuss, rote Pfefferflocken und je eine Prise Salz und Pfeffer verquirlen. In einer separaten mittelgroßen Schüssel Ricotta, Knoblauch, gehackten Salbei und Petersilie vermischen und mit Salz und Pfeffer würzen.

c) Ein Viertel der Kürbissauce (ca. 1 Tasse) auf dem Boden der vorbereiteten Auflaufform verteilen. Fügen Sie 3 oder 4 Lasagneblätter hinzu und brechen Sie sie nach Bedarf, damit sie hineinpassen. Es ist in Ordnung, wenn die Blätter die Soße nicht vollständig bedecken. Die Hälfte der Ricotta-Mischung, die Hälfte der roten Paprika und dann 1 Tasse Fontina darüber schichten. Ein weiteres Viertel der Kürbissauce hinzufügen und 3 oder 4 Lasagne-Nudeln darauf legen. Die restliche Ricotta-Mischung, die restlichen roten Paprikaschoten, 1 Tasse Fontina und dann ein weiteres Viertel der Kürbissauce darüber schichten. Die restlichen Lasagne-Nudeln und die restliche Kürbissauce hinzufügen.

Streuen Sie die restliche 1 Tasse Fontina darüber und dann den Parmesankäse. Mit Peperoni belegen (falls verwendet)

d) In einer kleinen Schüssel die ganzen Salbeiblätter mit 2 Teelöffeln Olivenöl vermischen. Auf der Lasagne anrichten.

e) Decken Sie die Lasagne mit Folie ab und backen Sie sie 45 Minuten lang. Erhöhen Sie die Hitze auf 200 °C (200 °C), entfernen Sie die Folie und backen Sie das Ganze etwa weitere 10 Minuten lang, bis der Käse Blasen wirft. Lassen Sie die Lasagne 10 Minuten stehen. Aufschlag. Bewahren Sie Reste gekühlt in einem luftdichten Behälter bis zu 3 Tage auf.

COCKTAILS

97. Granatapfel-Thymian-Wodka-Spritz

Für 4 Personen

Zutaten

- ¼ Tasse Honig
- 2 Zweige frischer Thymian, plus mehr zum Servieren
- 1 (2,5 cm) Stück frischer Ingwer, geschält und in Scheiben geschnitten
- 8 Unzen Wodka
- 4 Unzen Holunderblütenlikör, z. B. St-Germain
- 1 ⅓ Tassen Granatapfelsaft
- Saft von 2 Limetten
- 3 bis 4 (12 Unzen) Ingwerbiere

Richtungen

a) In einem mittelgroßen Topf Honig, Thymian, Ingwer und eine halbe Tasse Wasser bei starker Hitze vermischen. Zum Kochen bringen und ca. 5 Minuten kochen, bis der Ingwer duftet. Nehmen Sie die Pfanne vom Herd und lassen Sie den Sirup auf Raumtemperatur abkühlen. Thymian und Ingwer entfernen und wegwerfen.

b) In einem großen Krug Sirup, Wodka, Holunderblütenlikör, Granatapfelsaft und Limettensaft vermischen. Bis zum Servieren mindestens 1 Stunde im Kühlschrank ruhen lassen.

c) Kurz vor dem Servieren das Ginger Beer nach Belieben dazugeben und umrühren.

d) Geben Sie Eis in vier Gläser und gießen Sie den Spritz darüber. Garnieren Sie jedes Getränk mit frischem Thymian.

98. Würziger Erdbeer-Paloma

Serviert: 1

Zutaten

- 1 Esslöffel Chilipulver
- 2 Teelöffel Kristallzucker
- 1 Grapefruitspalte, für den Rand und zum Servieren
- 2 Unzen Silber-Tequila
- Saft einer halben Grapefruit
- 4 frische Erdbeeren, zerdrückt
- 1 oder 2 Scheiben Jalapeño-Pfeffer, entkernt, plus mehr zum Servieren
- 1 Teelöffel Honig, plus mehr nach Geschmack
- Mineralwasser zum Garnieren

Richtungen

a) Auf einem kleinen Teller Chilipulver, Salz und Zucker verrühren. Reiben Sie den Rand eines High-Ball-Glases mit der Grapefruitspalte ein und tauchen Sie den Rand in die Mischung, um ihn zu bedecken.

b) In einem Cocktailshaker Tequila, Grapefruitsaft, Erdbeeren, Jalapeño, Honig und Eis vermischen. Zum Kombinieren gut schütteln. In ein Glas abseihen und mit Mineralwasser auffüllen.

c) Mit der Grapefruitspalte und einer Scheibe Jalapeño servieren.

99. Pfirsich-Rosé-Sangria

Für 6 Personen

Zutaten

- 4 Pfirsiche, in Scheiben geschnitten
- 2 Tassen frische oder gefrorene Himbeeren
- 1 (2,5 cm) Stück frischer Ingwer, geschält und gerieben
- 1 Flasche (750 ml) Roséwein, z. B. Pasqua 11 Minutes Rosé
- 4 Unzen Holunderblütenlikör, z. B. St-Germain
- Saft einer Grapefruit (ca. ¼ Tasse)
- Saft von 1 Limette (ca. 2 Esslöffel)
- Mineralwasser zum Garnieren
- Zum Servieren frische Minze oder Basilikumblätter

Richtungen

a) In einem großen Krug Pfirsiche, Himbeeren, Ingwer, Rosé, Holunderblütenlikör, Grapefruitsaft und Limettensaft vermischen. Bis zum Servieren im Kühlschrank kalt stellen.

b) Füllen Sie sechs Gläser mit Eis und gießen Sie die Sangria hinein. Mit Mineralwasser auffüllen und mit Minze garnieren.

100.   Honeycrisp Apple Bourbon Smash

Serviert: 1

Zutaten

- ¼ Tasse Apfelwein
- 1 Teelöffel Orangenschale
- 2 Esslöffel Orangensaft
- 1 Esslöffel Apfelbutter
- 2 Unzen Bourbon
- 1 Teelöffel Balsamico-Essig (optional, aber lecker)
- Ingwerbier zum Garnieren
- Honeycrisp-Apfelscheiben zum Garnieren

Richtungen

a) In einem Cocktailshaker Apfelwein, Orangenschale, Orangensaft, Apfelbutter, Bourbon und Essig (falls verwendet) vermischen. Zum Kombinieren gut schütteln.

b) Geben Sie Eis in ein altmodisches Glas und seihen Sie den Bourbon Smash darüber ab. Mit Ginger Beer auffüllen und mit Apfelscheiben garnieren.

ABSCHLUSS

Am Ende unseres Half-Baked-Kochbuchs hoffen wir, dass es einen Funken kulinarischer Kreativität in Ihnen entfacht hat. Kochen ist eine Kunstform, und wie jeder Künstler sollte ein Hobbykoch bereit sein, Risiken einzugehen, neue Zutaten auszuprobieren und ab und zu die Regeln zu brechen. Denken Sie daran, dass die Freude am Kochen nicht nur im fertigen Gericht liegt, sondern im Entstehungsprozess selbst. Gehen Sie also los, experimentieren Sie furchtlos und lassen Sie sich von Ihren Geschmacksknospen leiten. Ganz gleich, ob Ihre Kreationen perfekt gelingen oder am Ende etwas unausgegoren sind: Lassen Sie sich auf das Abenteuer ein und genießen Sie jeden köstlichen Moment. Viel Spaß beim Kochen!

Milton Keynes UK
Ingram Content Group UK Ltd.
UKHW020156230823
427286UK00016B/677